AF448790

Arnoldo Gaite
    Vivienda social: el derecho a la arquitectura . - 1a ed. - Buenos Aires: Nobuko,
2008.
    118 p.: il.; 21x15 cm.

    ISBN 978-987-584-181-9

    1. Arquitectura. I. Título
    CDD 720

Hecho el depósito que marca la ley 11.723

Septiembre de 2008

ISBN: 978-987-584-181-9

vivienda social

el derecho a la arquitectura

Arnoldo Gaite

nobuko

A Pily
por todo lo que construyó

Prólogo a la tercera edición

La ideas expuestas en esta breve publicación fueron escritas hace ya más de quince años, acompañadas por las mismas fotos y dibujos desde su primera edición. Estos pensamientos fueron recibidos con naturalidad durante los años iniciales de su aparición porque hasta fines del 90 coincidían con las opiniones vigentes en la sociedad y en su mayor parte con las del poder gobernante. Solamente las dificultades económicas del momento se interponían para operar adecuadamente en la corrección de los problemas señalados en la publicación.

Pudimos observar en su momento que los escritos contribuían a poner orden en el conocimiento elemental de problemas de arquitectura centrados en las necesidades sociales de derechos incumplidos, donde se destaca la carencia de viviendas adecuadas.

Pero desde entonces, en un corto período, se han generado profundos cambios no sólo cuantitativos - aumento de las carencias - sino especialmente cualitativos por las agudas variantes en su concepción cultural. Desde el poder de turno y en correlato con las pretensiones de inserción en una cultura global (especialmente económica) el tema de la vivienda - y por supuesto de la arquitectura - dejó de ser considerado una responsabilidad oficial, dejándolo exclusivamente librado a las iniciativas privadas, con el corolario lógico de su manejo de negocio inmobiliario sometido a los vaivenes del mercado. El mercado, reino y señor desde siempre pero operando con manejo sutil sobre los problemas sociales, aparece durante la década de fin de siglo en modo desfachatado, propuesto como la única alternativa y solución ¿? para atender el tema de nuestros desvelos, entre tantos otros.

El resultado aparece hoy crudamente ante nuestros ojos a través de la desaparición de las fuentes de trabajo, las protestas sociales, los saqueos de los centros de alimentos, las alarmantes falencias y asfixia de la educación pública, la proliferación de la industria de la basura, con familias enteras de "cartoneros" dedicados a este último recurso de sustento.

En lo específico de nuestro tema, por supuesto que el primer efecto aparece en el desmesurado aumento de la población en las Villas Miseria, alcanzadas también por la especulación inmobiliaria y los valores de mercado.

Aparece así un sector de población cada vez más numeroso integrando una nueva categoría que no registramos en nuestra publicación por inexistente en ese momento: se trata del que vive a la intemperie porque no puede pagar para ocupar un lugar en la Villa. Entonces se instala, con variable persistencia, en los espacios públicos: plazas, parques, bajo las autopistas o los viaductos y aún en las veredas de calles de las áreas urbanas centrales.

Aquellos que creían ver una exageración en los datos que registraba el déficit de viviendas porque " la gente no vive en las plazas ni ocupa los caños para habitar ", lamentablemente ya no tienen soporte para esas apreciaciones.

En definitiva, las cuestiones que eran objeto de crítica y queja en nuestra publicación inicial han aumentado a tal punto que lo actuado hasta principios de la última década y que registráramos sintéticamente, parece bueno comparativamente ante la situación actual. Porque si bien resulta evidente la insuficiencia de las acciones emprendidas, la responsabilidad social ocupaba un lugar en la cultura de nuestra población y sus dirigentes.

Esto es lo que más nos preocupa, porque vivimos tremendas dificultades para recuperar una cultura extraviada.

Por ello nos parece muy oportuna la posibilidad que se nos ofrece para esta reedición y aprovechamos para proceder con algunas mejoras y agregados.

Las mejoras se basan en los nuevos procesos gráficos digitales que nos permiten corregir y clarificar las fotografías e imágenes disponibles.

Y nos ha parecido conveniente agregar algunos escritos que aportan opinión y datos al tema específico de la vivienda y también al problema cultural, referidos a la función y fundamentos de la arquitectura.

En esto, la generación del Programa Helios, descrito al final, cumple para nosotros un importante papel como soporte conceptual de la actividad de los aquitectos.

INDICE

Las fotografías que ilustran el capítulo dedicado a *La Ley FONAVI. Ideas e instrumentos* fueron tomadas durante el trabajo de investigación sobre Desarrollo Urbano y Vivienda por los autores del mismo. Las que se refieren a *Acciones primarias. Organismos y recursos* pertenecen a Luis Méndez. Algunas fueron cedidas gentilmente por la Comisión Municipal de la Vivienda de la Ciudad de Buenos Aires.

Las ilustraciones son dibujos del autor.
Los de las páginas 11, 12, 14 y 16 están basados en fotos de la revista Todo es Historia.

Al publicar trabajos de nuestros alumnos de la Facultad de Arquitectura de Buenos Aires bajo el titulo de "modestamente, arquitectura" decíamos que nuestra profesión ha operado casi exclusivamente tras el objetivo del recurso opulento y ha sido inoperante frente a sectores de recursos escasos.

Que estos sectores imaginan a la tarea del arquitecto como algo "superior", que opera con una belleza alejada de sus posibilidades, si bien reconocen que cierto asesoramiento técnico referido a la construcción no viene mal.

Nos parece oportuno insistir en el concepto de que las confección de habitabilidad para toda la sociedad constituye la razón existencial de la arquitectura y que el arquitecto debe ser el operador creativo capaz de hacer síntesis entre las condiciones de uso de los espacios que se proyectan, el dominio de las formas y los medios técnicos adecuados para materializarlos, en el límite que los recursos marcan para inscribir sus operaciones con inteligencia y destreza.

Operar con la habitabilidad implica abordar temas de vivienda, salud, recreación, espacios para el trabajo y la educación. Todo esto conforma el ámbito de vida al que tiene derecho todo ser humano.

No se trata sólo del derecho a la vivienda.

¿O acaso el derecho a la salud se define por el derecho sólo a respirar?

Necesidad biológica y cultural

El ser humano ha necesitado siempre modificar los ámbitos en donde desarrolla sus actividades, eliminando las acciones nocivas y aprovechando los factores positivos de los elementos de la naturaleza. Podríamos asegurar que esta actitud constituye la expresión de una necesidad biológica a tal punto que resulta del instinto de conservación de la especie.

La demanda de espacios para realizar sus actividades de trabajo, educación y recreación, cuidar su salud y particularmente, atender a sus necesidades de vivienda, ha tenido diversas respuestas a través de la historia: desde su acción personal para imaginar y construir estos ámbitos hasta la delegación de tal tarea en profesiones de especialistas.

La variedad y complejidad de los problemas del habitar humano derivados del crecimiento poblacional, ha dado origen a diversas formas de organización social y en la concepción del estado moderno, se han instalado derechos esenciales que las distintas naciones han registrado paulatinamente en sus leyes y normas de organización.

Así es que el tema de la vivienda se ha reconocido como un problema del individuo que comprende aspectos esenciales de la cultura del medio social.

En nuestro país se reconocen dos campos de acción que han desarrollado en forma paralela, por motivaciones y desde ópticas diferentes, actividades y esfuerzos dirigidos a abordar el tema.

Uno de estos campos lo abarca la acción del estado, mediante leyes y planes - en parte cumplidos - casi siempre fallidos.

El derecho a la vivienda

La gran cantidad de inmigrantes europeos que vienen desde de la segunda mitad del siglo diecinueve hasta principios del siguiente, generan notables cambios en nuestro país.
Los recién llegados se asientan en Buenos Aires, el Litoral, Mendoza o Córdoba, en general sin tener la guía de una definida política de radicación.

Esta situación produjo crecimientos desmesurados y concentraciones intensas en varias ciudades y asentamientos desequilibrados en regiones preferenciales. Ya entonces se va realizando la urbanización argentina hasta llegar a tener casi un 80 % de la población habitando en ciudades.

El Hotel de Inmigrantes en la Capital Federal, primera vivienda de las familias europeas en nuestro país

Ciudades que, desde luego, no estaban, en su totalidad, preparadas ni pensadas para esto.

Demás está decir que unos llegaban escapando de la miseria, otros de las guerras, algunos de persecuciones u otras calamidades pero, eso sí, lo que los igualaba prácticamente a todos, era el llegar aquí sin un céntimo encima. Frente a este hecho es evidente que los recién llegados sólo disponían de su salario para poder pagar su alojamiento. Por lo tanto, lo podían conseguir únicamente en alquiler.

De esta necesidad surgió una industria que dio grandes ganancias: la del conventillo. En rigor, se trata de un producto arquitectónico absolutamente definido y tan crudamente racional como el de un barco negrero. (1)

Pero el carácter dramático que asumió su proliferación, estuvo en el enorme grado de hacinamiento y absoluta carencia de servicios, generadoras de una insalubre promiscuidad urbana.

En la película **Del Conventillo al Conjunto Habitacional,** Horacio Baliero reflexiona acerca de la notable similitud entre la planta característica del conventillo y la de un barco negrero.
El programa era el mismo: máximo rendimiento para ubicar camas.

Las condiciones de la habitación del inmigrante que no quedó radicado en la ciudad y se dedicó a las tareas del campo - especialmente en las colonias santafesinas - fueron más favorables (ver la *casa del gringo* en págs. 72 y 74)

Casa colonial
Lote de 20 varas (17,32 m.) de ancho mínimo.
Caracterizada por la sucesión de patios rodeados por habitaciones

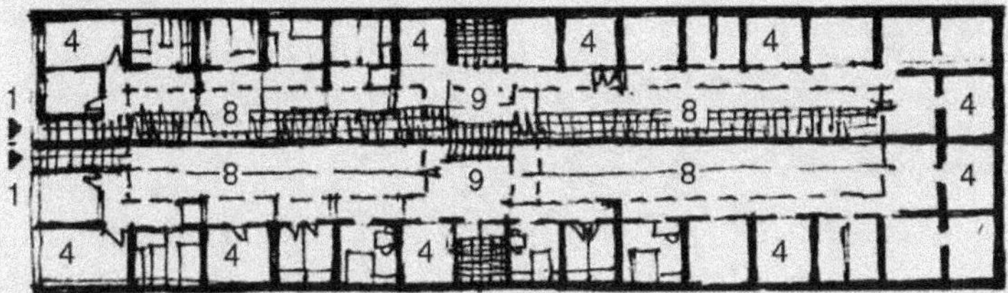

Conventillos
Lotes de 10 varas (8.66 m.) de ancho.
Largo pasillo para acceder a las habitaciones en fila.

Referencias : 1 acceso - 2 patio principal con aljibe - 3 segundo patio con
pozo de agua - 4 habitaciones - 5 árboles frutales - 6 huerta - 7 animales
domésticos - 8 pasillo-patio - 9 escalera a la planta alta, de igual desarrollo que la planta baja (ver dibujo de pág.14)

La distribución de las habitaciones en los conventillos puede hacer pensar en una evolución del
esquema de la casa colonial. Pero no se trata de
una adaptación. El conventillo de dos plantas
prueba que el esquema fue adoptado para una
construcción realizada al efecto por su buen rendimiento económico.

Recién a principios del siglo veinte aparecen tibias e insuficientes medidas ante la magnitud del déficit de viviendas que resultan de las corrientes de inmigrantes que se radican principalmente en la Capital Federal.

Las medidas que se toman para paliar la alarmante falta de viviendas son en gran parte el producto de temores generalizados ante los problemas de salud de la población que resultan de la citada carencia de elementales condiciones higiénicas.

En la década comprendida entre el 40 y 50 las poblaciones urbanas vuelven a sufrir un fuerte incremento, esta vez por desplazamiento de los propios habitantes del país. Década caracterizada por la fuerte conurbación capitalina producto de la migración interna ante la falta de fuentes de trabajo en las Provincias, coloca al problema de la vivienda en el centro de la escena.

La presencia del conventillo como símbolo de la pobreza es ampliamente superada por la de las "Villas Miseria". Allí se consolidan dos imágenes que lamentablemente nos acompañan durante la segunda mitad del siglo: la formación del conurbano, periferia que concentra como cordón alrededor de la ciudad puerto una población que resulta la mitad de toda la nación y esos ghetos que alguna vez reemplazan la palabra "miseria" por el de "emergencia", más elegante porque induce a pensar en la transitoriedad de la situación que alberga.

Pero también más veraz, por cuanto en general las emergencias son producto de catástrofes.

Una historia similar sin alcanzar la virulencia del fenómeno en Capital Federal, ha ocurrido en las ciudades más grandes de las Provincias.

La conurbación en las ciudades de Provincias: vista de Bahía Blanca

Las corrientes migratorias que conformaron las
"villas miseria" estaban integradas por familias del
norte y del litoral argentino, pero también hubo
fuertes contingentes provenientes de países limí-
trofes, especialmente paraguayos y bolivianos.
Los chilenos se radicaron en el sur.
La tercera generación de villeros que no regresa-
ron a sus lugares de origen habita hoy en esas
condiciones.

La presión social derivada de estos aspectos y las circunstancias políticas y económicas del Estado, posibilitan que nuestra ley fundamental, la Constitución Nacional, incorpore el concepto de los derechos sociales en 1949, incluyendo el derecho a la vivienda entre los mismos.

Suspendida en 1955, la Convención Constituyente de 1957 agrega y sanciona nuevamente este aspecto, incluido al final del artículo 14 bis estableciéndolo como el derecho a "el acceso a una vivienda digna".
Como en toda norma legal, resulta necesario distinguir entre la ideología que la origina y le da sustento y las posibilidades reales con que el medio en que se inscribe cuenta para ejercitar su praxis y cumplir adecuadamente con la intención de la normativa : bien sabemos que en términos internacionales el avance de la civilización reconoce el derecho a la vida como elemental derecho humano.
Sin embargo la teoría y práctica de la guerra como sistema operable con "derechos" supervive infinitamente más allá de lo deseable.

También en ese momento aparecen indicios de un pensamiento acerca de la organización del territorio y su ocupación poblacional: en 1952 se dicta la Ley 14.184, que en su capítulo VII destinado a vivienda, define como prioritaria la función social de la misma y por primera vez menciona la necesidad de "distribución geográfica racional" de la población. Y aquí también resulta conveniente, para evaluar resultados, considerar aquella distinción entre ideología y praxis.

Reconocida la responsabilidad del Estado en la necesidad de dar soluciones al tema, la búsqueda de sistemas para la obtención de fondos para ejecutar los distintos planes que se van esbozando constituye uno de los aspectos críticos de la función pública.
Los antecedentes más nítidos para estos objetivos se reconocen en la Ley 16.765 de 1965, que crea la Secretaría de Estado de Vivienda con la función de planificar a escala nacional (urbana y rural) y en el primer Fondo Nacional de la Vivienda , Ley 19.929 de 1972.

Migrantes que llegan y migrantes que se van. Una imagen corriente durante el período de conformación de las primeras villas miserias, que paulatinamente definieron extensas barriadas en los bordes urbanos.

Los estudios universitarios

El otro campo de acción es el que atiende a la cultura referente al tema y en especial a la cultura del hábitat, en los lugares que debieron ser el medio natural para el desarrollo de esos estudios: las carreras universitarias de arquitectura y sociología (2).

En la Universidad que a partir de 1956 trata de superar el esquematismo académico y la indiferencia del modelo parisino de Bellas Artes, cabe mencionar que la presencia del arquitecto Wladimiro Acosta, con su Taller Vertical, cumple un rol pionero en la materia, difundiendo conceptos ya esbozados en 1937 (3) y marcando con sus temas de estudio y proyecto un modelo asumido por muchas cátedras universitarias en todo el país.

Surge en esos años el concepto de la extensión universitaria como responsabilidad social de la universidad y en esta idea se inscribe el proyecto de vivienda para la Cooperativa de Villa Maciel, una "villa miseria", similar a tantas otras cuyo derecho a "vivienda digna" sobrevivía sólo en la letra impresa de la ley.

La conciencia de la magnitud de los problemas sociales se refleja en esos años en la creación de la carrera de sociología, con la expectativa de definiciones en el análisis de los programas a cumplir y en la búsqueda de soluciones. Eran tiempos en que el tema de la vivienda aparecía como específico de la arquitectura, con el aporte de algunas "ciencias aplicadas". La brusca interrupción de la concepción democrática de la Universidad -y de la Nación- en la negra noche de 1966 (de los bastones largos) impidió la fecunda labor que se había iniciado tanto en éste como en otros campos.

"Nuestra casa dejó de ser el ámbito natural de la polémica cultural, al desaparecer de ella el grueso de la generación que creyó estar gestando una tarea para la construcción de la Nación. La política del "sálvese quien y como pueda" comenzó a teñir nuestra labor profesional.

Los resultados de los concursos de arquitectura como fuente propulsora de posturas intelectuales y generadora de tareas profesionales de temas sociales tan impor-

Dibujos de la unidad edilicia del proyecto de viviendas para Villa Maciel : la perspectiva (en la página anterior), las plantas de los departamentos, la fachada norte y una foto de la maqueta.

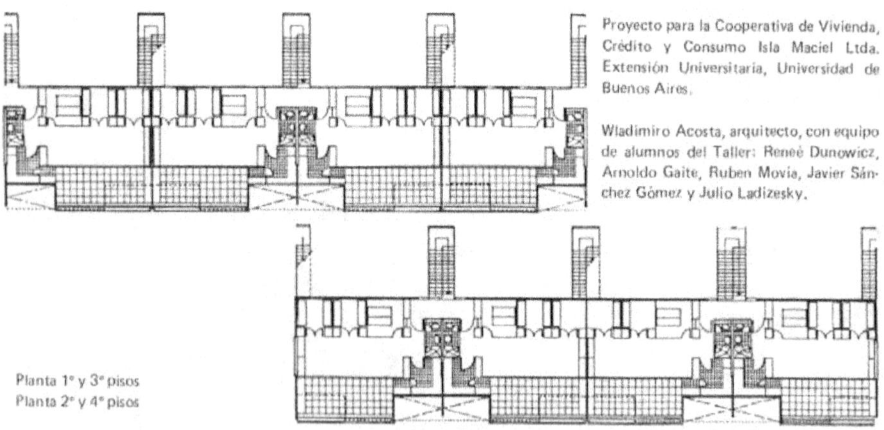

tantes como hospitales, viviendas y escuelas, se fueron constituyendo paulatinamente en modelos deseables para varias generaciones de estudiantes. ... En la generación que completó sus estudios durante el lustro próximo a los años 70, apareció un grupo muy activo que vislumbró otros caminos como necesarios para ser recorridos por nuestra profesión ... Intentaron cambios en la Universidad y en particular en nuestra casa de estudios, planteando métodos para abordar la problemática arquitectura - sociedad distintos a los vigentes y se lanzaron vertiginosamente a tratar de instrumentarlos durante 1973 y 1974.

Años turbulentos y contradictorios, los sucesos que se vivieron durante la década posterior con persecución, tortura, muertes y desapariciones, y en el menos grave de los casos, éxodo de inteligencias, paralizaron toda posibilidad de proceder al análisis adecuado para replantear los destinos de nuestra profesión y, por supuesto, la evolución de las formas de enseñanza que se esbozaron en 1973". (4)

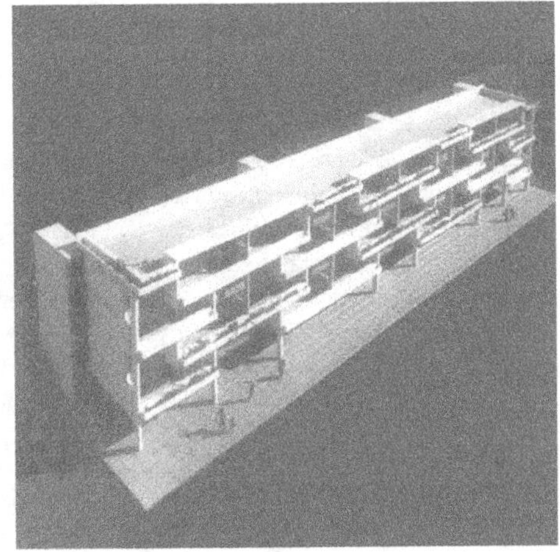

"Junto con la técnica y con la extensión del poder humano sobre las fuerzas de la Naturaleza, se ha desrrollado la ciudad . Pero, simultáneamente, han germinado dentro de ella todas las contradicciones antedichas.

Así, a pesar de todas las conquistas realizadas, al cumplir el ciclo varias veces milenario de su evolución, la ciudad, primitivo instrumento del hombre en su lucha por el dominio del medio, llega, como resultado del crecimiento de los antagonismos que encierra, a su propia antítesis : se convierte en un obstáculo a la existencia humana . Más aún, llega a la categoría de amenaza biológica . Creada por el hombre, hoy escapa a su control, adquiere personería propia, llega, en definitiva, a vencer a su habitante . Éste percibe el fenómeno urbano, que altera y deforma su vida, con el mismo pasivo fatalismo con que considera todas las catástrofes sociales - guerra, crisis, hambre, desocupación - y que puede asimilarse a la actitud del hombre prehistórico ante el trueno, el rayo y otras manifestaciones de la naturaleza.

Sin embargo, si, mediante un esfuerzo, nos sobreponemos por un momento a la ceguera mental a que el acostumbramiento al ambiente y a los hechos presentes nos reduce y analizamos el problema en su raíz y escala verdadera, debemos convenir en que no hay en la urbe ningún elemento no hecho por el hombre, nada capaz, por sí mismo, de escapar a su control.

En esencia, la crisis de la ciudad contemporánea es un reflejo de la crisis de la sociedad capitalista . La sociedad actual, que ha aprisonado y se sirve de las energías de la naturaleza, que ha creado la civilización maquinista, se muestra incapaz de gobernar las fuerzas y sistemas, económicos y de convivencia, que ella ha desencadenado. "

Wladimiro Acosta
en *Vivienda y Ciudad, Balance histórico.*
Ediciones Anaconda, 2a. edición de 1947. pág. 133.

Acciones primarias, Organismos y recursos

Sin embargo, la continuidad existió en la formulación y ejecución de planes de construcción de viviendas.

Analizaremos más adelante las razones aparentes de su gestación; pero en base a la experiencia habida, hoy puede concluirse que el tema presenta características de una complejidad tal que no reconoce la posibilidad de respuesta por una sola disciplina: la confluencia de aspectos sociales, políticos, legales, económico-financieros, administrativos y tecnológicos requiere la participación de una inteligencia multisdisciplinaria.

La conciencia embrionaria de la síntesis necesaria entre la postulación política para abordar el problema de la vivienda y el recurso de técnicos adecuados para materializar soluciones, tiene antecedentes en las acciones desarrolladas en la segunda mitad de la década del 40 por el Ministerio de Obras Públicas y en particular por el Banco Hipotecario Nacional: los barrios denominados Los Perales y Simón Bolívar en la Capital Federal, entre otros construidos en las provincias y que gozan de buena salud, quedan como testigos de este modelo de institución.

Más adelante, la creación de la Comisión Municipal de la Vivienda resulta digna de ser registrada como el primer organismo técnico formado para asumir la responsabilidad del estado en dar respuesta al desequilibrio habitacional. Nacida por Ordenanza en 1961 y confirmada por Ley nacional en 1967, su misión es operar en Capital Federal y alrededores. (5)

La política habitacional comienza a caracterizarse por una mayor acción urbanística y tecnológica en virtud de disponibilidades financieras por préstamos acordados con el Banco Interamericano de Desarrollo. La puesta en marcha del programa posibilitó la construc-

Barrio Los Perales en
Mataderos

Barrio Simón Bolívar en calle
Curapaligüe

ción de 6.500 viviendas en Villa Lugano (Barrio Gral. Savio) y casi 4.000 en Ciudad Belgrano (Partido de la Matanza).

En esos años se planifica la erradicación de las villas miserias y se sueña con un proceso gradual de destino hacia hogares dignos. Ello da origen a los N.H.T. (Núcleos Habitacionales Transitorios): Crovara, San Petersburgo, Avenida del Trabajo, Osvaldo Cruz, Zavaleta, barrios en los que la Comisión tuvo activa participación en su construcción incluidas las redes cloacales, eléctricas, alumbrado y locales comunitarios. Participación que aún hoy -como el sueño de transitorio revistió carácter de permanente- sigue teniendo en la administración y mantenimiento de los Núcleos que albergan más de 2.000 familias. Como parte de los planes de renovación urbana se construyeron también los conjuntos de San Pedrito (1.048 viviendas) y las obras de la calle La Pampa (176 viviendas) para realojar

La avenida principal del Conjunto urbano General Savio. Villa Lugano, Capital Federal. Constituido por edificios en tiras de 15 pisos y edificios en torres de 25 pisos.

Vista aérea de Ciudad General. Belgrano. Partido de Matanza. Buenos Aires.

familias desplazadas por la prolongación de la Avenida 9 de Julio y la apertura del túnel de la Avenida del Libertador respectivamente.

En los años que siguen, la búsqueda a nivel nacional de recursos económicos para destinar a vivienda y desarrollo urbano determina nuevas leyes, diferentes planes y sucesivos retoques de los organismos competentes que originan la aparición de Institutos de Vivienda en las Provincias, de manera que cuando se sanciona en mayo de 1976 la Ley 21.581 llamada Ley FONAVI (Fondo Nacional de la Vivienda) estos organismos disponen de esos recursos para destinar a las nuevas obras. Así la Comisión proyecta y dirige la construcción de los barrios de Copello, Espora y Sucre -2.200 viviendas terminadas a principios de 1984- y los barrios denominados Macias, Colegiales y Lafuente -1.300 viviendas a fines de 1985- al igual que el Conjunto Don Orione, Claypole, Provincia de Buenos Aires -4.200 viviendas.

Barrio San Pedrito en el Bajo Flores

Conjunto edilicio en calle Sucre, Bajo Belgrano

Conjunto edilicio en calle La Pampa, Bajos de Belgrano

Conjunto Urbano Copello, en el parque Almirante Brown

Barrio Comandante Espora
frente al Riachuelo

Conjunto Urbano Lafuente
en el Bajo Flores

Todas estas construcciones se llevaron a cabo al amparo de leyes u organismos variados, en general creados al efecto por los sucesivos gobiernos.

En resumen, podemos distinguir acciones diferentes entre la primea y segunda mitad del siglo XX. Desde la Ley de Casas Baratas (1904) y la Carta Orgánica del Banco Hipotecario Nacional mencionando préstamos para la construcción (1910) toda la actividad gira alrededor de correcciones a estas normas o bien atendiendo a préstamos puntuales para paliar efectos de desastres: temporales e inundaciones. En el segundo cuarto del siglo los esfuerzos públicos aparecen volcados en el desarrollo vial ferroviario, en la apertura o pavimentación de rutas y además en algunas obras relacionadas con la producción de energía y riego (presas y usinas).

Tal vez por contar con esta infraestructura, en la segunda mitad se asignan mayores esfuerzos al asunto de la vivienda y aunque los resultados en la práctica son insuficientes, la proliferación de instituciones, planes, leyes y normas referidos a su promoción y control son el común denominador, poniendo en evidencia las intenciones oficiales que, por razones varias, intentan prestar atención al tema.

Acciones directas del Banco Hipotecario Nacional, Plan Federal de Vivienda, Plan de erradicación de Villas de Emergencia (PEVE), Plan de Viviendas Económicas Argentina (VEA), Planes del Fondo Nacional de la Vivienda (FONAVI), son títulos que representan lo más significativo en la materia.

El Apéndice 1 agregado a esta edición contiene una síntesis política y jurídica que permitirá ubicar con mayor detalle estas acciones.

La Ley FONAVI. Idea e instrumentos

Prometimos intentar el análisis para encontrar las razones aparentes de una continuidad en los planes de vivienda oficiales. Enunciar los factores intervinientes resulta simple: la suma de una auténtica, verdadera necesidad; el déficit de hogares - problema social latente - por un lado; intereses políticos del Estado y económico de Empresas, ya sea proveedoras de insumos o constructoras por otro; fuerzas de trabajo, incluyendo las profesiones de "especialistas" expectantes para volcar su acción.

Barrio Misky Mayu. La Banda, Santiago del Estero

Todo esto pareciera configurar un cuadro con las fuerzas actuantes comunes en el estado moderno. El problema aparece cuando como consecuencia del sistema político imperante los planes responden a acuerdos que priorizan intereses de parte de esas fuerzas sin posibilidades de participación y control adecuado de las otras; en especial, del destinatario de las viviendas, eterno ausente en las decisiones.

Gobiernos autoritarios, usurpadores del Estado de acuerdo a la concepción democrática que hoy nuestra sociedad mayoritariamente reivindica, decidieron

Barrio Empleados de Comercio en Godoy Cruz,
Mendoza
Conjunto Habitacional en la periferia de la ciudad de Formosa

esa continuidad, materializada en la Ley FONAVI. Como su nombre sugiere -fondo nacional de la vivienda- conceptualmente elogiable por cuanto reconoce la responsabilidad de la sociedad en la constitución de recursos para amortiguar conflictos habitacionales producidos por desajustes sociales derivados de desiguales posibilidades de trabajo y remuneración.

Pero cuando se procede al análisis de la instrumentación para la inversión de esos fondos, lo elogiable entra rápidamente en el terreno de las dudas. Y consignemos que los instrumentos son confeccionados por los especialistas que deben interve-

Conjunto Habitacional Chacra 150
en las cercanías de Posadas, Misiones

nir con la participación que les cabe por su especialidad; arquitectos, ingenieros, abogados, economistas, sociólogos, especialistas en salud, constructores. Es decir, que allí está presente una cuota importante de lo que es índice de la cultura de una sociedad. Según el grado de desarrollo de esa cultura y la complejidad de la tarea, unas y otras actúan de acuerdo a la incumbencia que en esa sociedad adquieren y ésta les reconoce. Resulta corriente, diríamos casi natural, que los modelos para la confección de los instrumentos sobre el tema que nos ocupa sean determinados por las sociedades con mayor desarrollo material y se conviertan en deseados o

Conjunto Urbano en el Barrio Butaló
Santa Rosa, La Pampa

apetecibles por las otras.

Se establece así un sistema de dependencia que entonces resulta no sólo material, sino especialmente cultural.

Estas apeciaciones críticas se fundamentan en las observaciones realizadas en obras construidas en varias provincias y en opiniones de los propios técnicos y responsables políticos de las operatorias. En el libro citado al principio de las Notas (pág. 83) se desarrollan con más detalle.

Las familias que recibieron un crédito del Fondo Nacional de la Vivienda ya no habitan en calle y número de un barrio. Lo hacen en Conjunto Habitacional, sector, monobloque o hemibloque, escalera o nudo. El visitante debe además consultar un plano para ubicarse, como se observa en la fotografía.

Conjunto habitacional Yerbal Viejo, ciudad de Oberá, Provincia de Misiones.

Barrio Sarmiento en Godoy
Cruz, ciudad de Mendoza

Detalle de los edificios del
Barrio Misky Mayu.
La Banda, Santiago del Estero.

Los resultados

Esta situación tiende a agudizar el desequilibrio en las posibilidades de integración, al minimizar y hasta suprimir el aporte que cada sociedad puede realizar con el uso inteligente de sus propios recursos humanos y naturales: es decir, al eliminar los aportes de su propia cultura.

Así podríamos describir las características visibles de la profesión de arquitecto en nuestro país a lo largo de sus relativamente corta historia. De su dura y condicionada tarea encuadrada en las llamadas "normas de habitabilidad" y de las otras del FONAVI, hoy es posible observar a lo largo y ancho del país construcciones de viviendas basadas en modelos casi idénticos, como si las distintas latitudes y lugares, con climas, costumbres y recursos diversos, no hubiesen merecido el análisis crítico y la respuesta inteligente para cumplir el destino de ser habitadas sin violentar las condicionantes que en cada lugar actúan.

Resultado de una dependencia cultural, en estos casos, agravada por el carácter marcadamente centralista de la estructura de poder radicada en la Capital, contradictoriamente denominada Federal. En donde no solamente los modelos deseables se han priorizado acordes a otras sociedades, sino que además, tradicionalmente, han sumergido culturas y pautas regionales en el anonimato, marcando caminos ajenos a la naturaleza y posibilidades de las Provincias. Así estos caminos se han impuesto, tanto en el manejo de los recursos económicos, cuanto por convertirse en deseables de transitar por los mismos profesionales encargados de recorrerlos.

Escaleras y niños:
imagen Fonavi en cualquier latitud del país

Una experiencia límite

En la oportunidad que tuvimos el privilegio de participar en la conducción técnica de la Comisión Municipal de la Vivienda de la Ciudad de Buenos Aires -1984, 1985- procedimos a realizar algunos proyectos encuadrados en las normas del Fondo Nacional de la Vivienda, como parte de la asignación de recursos FONAVI para un Plan Nacional (6).

Como resultado de las experiencias adquiridas en la investigación de un equipo abocado a evaluar obras construidas en varias Provincias Argentinas (7) intentamos aplicar en esos proyectos, dentro de los límites de la ley y normas respectivas, algunos conceptos que interesa puntualizar. Las decisiones que emanan de esos conceptos incursionan en disitintos aspectos de la gestión necesaria para alcanzar la etapa final de las construcciones. Algunas son de orden legal, referidas al modo de licitar las obras, otras a la provisión de infraestructura o a la divisióndel suelo, pero todas condicionan con vigor las características de los proyectos reconociéndoles el valor de guías para el diseño arquitectónico.

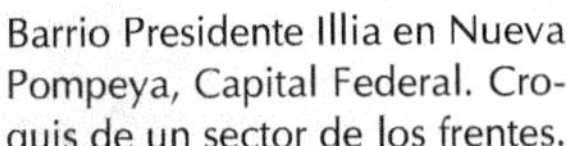

Barrio Presidente Illia en Nueva Pompeya, Capital Federal. Croquis de un sector de los frentes.

Los terrenos en que se implantan son áreas sin traza urbana, pero rodeados por la ciudad. Se trata de asimilar los trazados de calles adaptándolas a las características generales de Buenos Aires, de manera tal que se incorporen a la ciudad sin producir contrastes nocivos que segreguen a sus habitantes. Los proyectos contemplan además el tendido de redes para aprovisionamiento de energía y servicios (luz, gas, agua, cloacas, teléfonos) en coordinación con las empresas responsables de cada área. También, de acuerdo con los tamaños y ubicación de los barrios, se proyectan los comercios, guarderías, escuelas y necesarios sectores de recreación, acorde con el concepto de que el hábitat es integral y no sólo la "vivienda techo".

También se contemplan los tipos de edificios corrientes en nuestro medio: se habita en casas, o en departamentos. Las casas tienen su puerta de entrada desde la calle, y su patio privado. Los departamentos, sea en edificios de siete a nueve pisos, o en torres de hasta veintidós pisos, tienen hall de entrada, claramente definido, con ascensores y accesos a cada piso por paliers que permiten su limpieza y control con facilidad.

Se tuvo especialmente en cuenta la separación entre zonas privadas y públicas, considerando que nuestra vida urbana diferencia claramente las responsabilidades del Municipio sobre las zonas públicas, de línea municipal hacia fuera, y la pertinencia de los privado. Esta zonificación, definida con certeza, posibilita el cuidado de los propio, sin "tierras de nadie" que evidencian tristes y conflictivos resultados en las obras que no lo trataron así. Por otra parte la legislación vigente constituye la norma fundamental para proceder a la división en propiedad horizontal en una escala adecuada para la administración de los consorcios.

Las dimensiones de los ambientes se adaptan en general a las normas de habitabilidad del Municipio, con superficies mayores que las que fijan las normas FONAVI. Para esa decisión, se han tenido en cuenta y verificado estudios que demuestran que aumentos de superficie de hasta un 25% producen incrementos de costos menores que el 5%, lo que no justifica suponer que la vivienda económica se consigue por reducciones de espacio al límite de lo habitable. El consabido concepto de evaluar el costo de la construcción en relación directa con su superficie, es una extensión de la especulación de la propiedad horizontal en lotes ciudadanos . Este concepto no es aplicable a los proyectos realizados por acción del Estado en terrenos propios de la Comisión (8).

Se presta especial atención a las cocinas y zonas de trabajo de la casa o departamento, previendo la zona de tendido de ropa de tal manera que no ocupe lugares que obstaculicen la entrada del sol y las visuales de los ambientes, ni que terminen siendo el aspecto urbano fundamental de los edificios. Se contemplan lugares de expansión al exterior, sea jardín de frente y patio al fondo en las casas, o balcones amplios y bien orientados en los departamentos.

La ejecución de las obras se efectúa por empresas constructoras, mediante licitación pública con planos, especificaciones técnicas y dirección del equipo técnico de la Comisión. A los fines de propender a la reactivación de la actividad de la mayor cantidad posible de empresas, de acuerdo al programa de gobierno, cada licitación corresponde a un barrio subdividido en varias obras de viviendas, infraestructura y servicios, con el objeto de abrir el mercado de la producción, promover la competencia para el mejor uso de los dineros públicos y reducir el riesgo por parte del Estado, ya que los plazos de obra que se estipulan son los mínimos compatibles entre el tamaño de las obras y la imperiosa necesidad de viviendas de la sociedad que no puede acceder al bien si no es a través de esta acción.

Los sistemas constructivos se basan en la metodología tradicional, de acuerdo con la cultura tecnológica nuestra, pero los proyectos se racionalizan permitiendo la competencia de sistemas industrializados. La experiencia realizada hasta hoy no muestra costos que justifiquen los acondicionamientos que plantea la tecnología industrializada. Ello parece ser un resultado acorde con lo que ocurre aún en los países europeos pioneros en la materia cuando no median planes basados en una política estable de desarrollo de la industria de la construcción. Por esta razón se estudian proyectos que permiten propuestas industriales continuas a través de planes plurianuales. Estos programas consisten en disponer de cupos de viviendas por construir por una empresa en varios años sucesivos.

Para los materiales exteriores se eligen aquellos que eviten costos de mantenimiento, es decir, que envejezcan noblemente. En general se estipulan ladrillos o materiales cerámicos, que forman parte de nuestra tecnología habitual, además de tener un bien ganado consenso de nuestra sociedad.

En este tema también se ha tenido en cuenta el equívoco de que la construcción con ladrillos aparentes la coloca fuera del concepto de vivienda económica: las licitaciones realizadas así lo han demostrado.

Barrio Presidente Illia, Nueva Pompeya

Ubicación: Agustín de Vedia Torres y Tenorio, Pazos y Avenida de la Riestra
Cantidad de unidades de vivienda: 614
Superficie del terreno: 7 ha. Superficie cubierta: viviendas 42.354 m2; guardería: 892 m2; comercios: 851 m2;
centro comunitario: 436 m2. Total: 44.533 m2
Año de proyecto: 1984

La trama vehicular adoptada reproduce el amanzanamiento típico de la ciudad integrándola a los sectores vecinos del barrio Nueva Pompeya, de características también residenciales.

El proyecto de la primera etapa que se muestra a continuaación, cubre cuatro manzanas cuadradas y una trapezoidal. En esta se ubican los elementos principales del equipamiento alrededor de una plaza a escala del conjunto, y hacia allí conducen las calles peatonales principales que atraviesan las manzanas típicas y recogen el tránsito peatonal secundario.

Las viviendas son departamentos dúplex, que por adición configuran tiras edificadas.

Cada departamento cuenta con su puerta de acceso directo desde la vereda, su jardín de frente y su patio de fondo, con la idea de responder al sentido de pertenencia que asegura el cuidado y afecto de los habitantes.

Además, esta forma de edificar posibilita obras que demandan cortos tiempos de ejecución, con la consiguiente disponibilidad para ocuparlas en breve plazo.

La identificación de las viviendas, en las manzanas más densas, se obtiene por el uso de tres tipos de formas del pórtico de acceso, unidos en pares.

Los comercios aledaños a la plaza ocupan la planta baja de edificios con viviendas similares en los pisos altos, y se proyecta además en cada esquina de manzana, una serie de locales para comercios que tienen la particularidad de poder pertenecer o no al propietario de la vivienda que ocupa el fondo de los mismos.

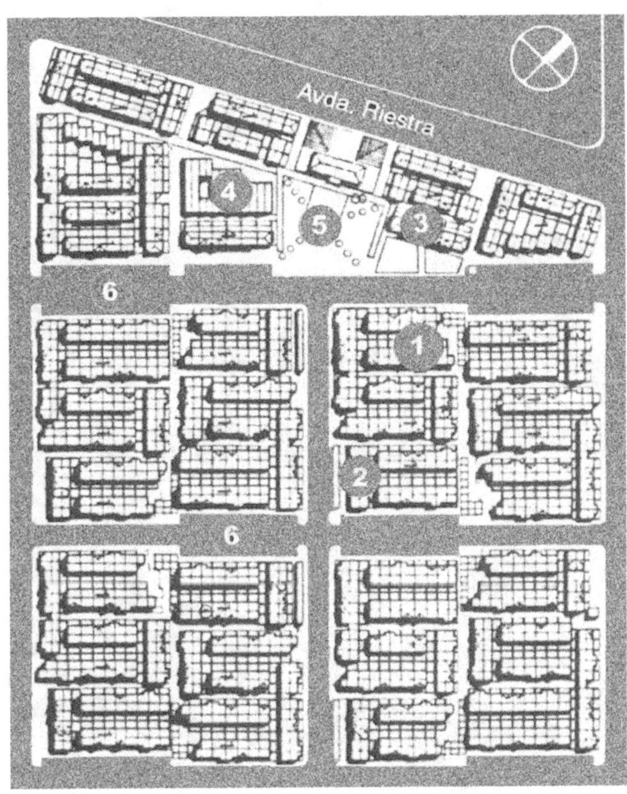

Plano de ubicación
1
primera etapa:
Barrio Presidente Illia 1
640 viviendas.
2
segunda etapa:
Barrio Presidente Illia 2
450 viviendas.
3
en reconstrucción:
Barrio Rivadavia
1.100 viviendas

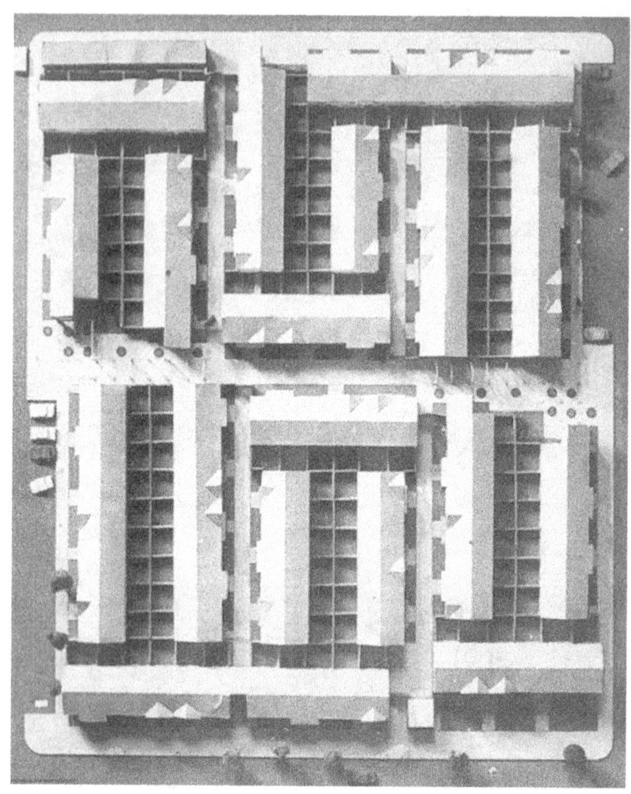

Fotografía de la planta de la
maqueta de una manzana tipo

Vista frontal de la tira de edificios a lo largo de una cuadra. En el
extremo derecho se observan los frentes de los negocios delanteros
de las viviendas próximas a las esquinas.

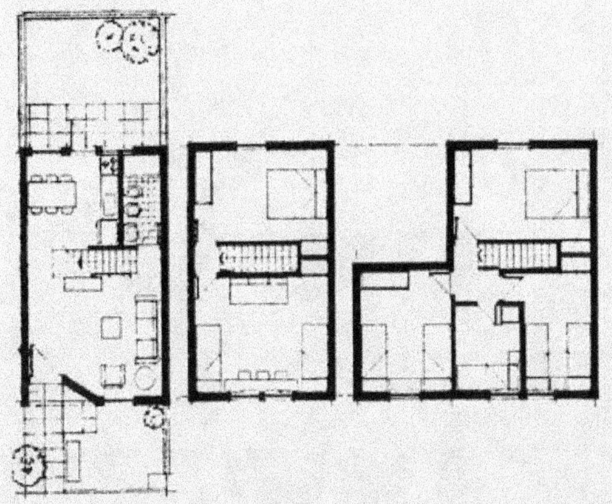

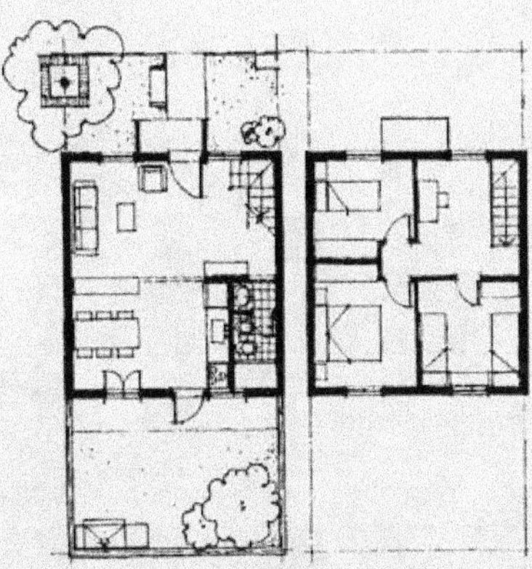

MÓDULO DE ANCHO 4,50 M.
planta baja
planta alta de dos dormitorios y
variante en puente para tres dormitorios

MÓDULO DE ANCHO 5,80 M
Planta baja y planta alta de dos
dormitorios

Barrio Presidente Illia
Fotografía de una calle peatonal

49

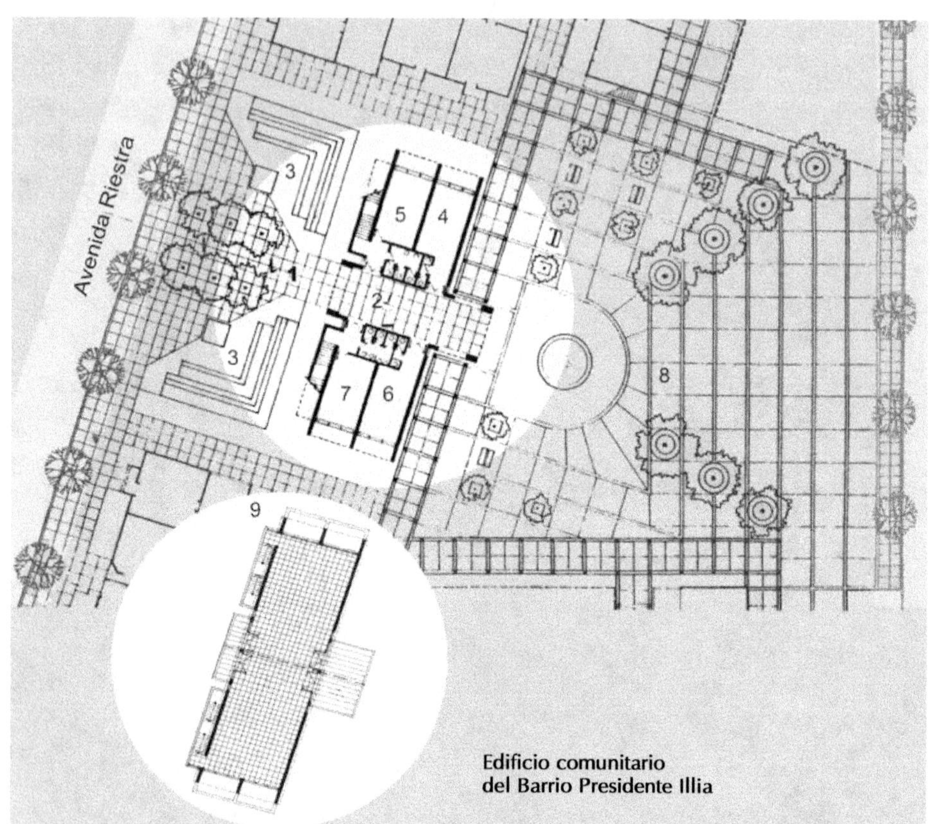

Edificio comunitario
del Barrio Presidente Illia

Plantas baja y alta

1
Plazoleta de acceso sobre Avda. Riestra
2
Circulación peatonal e ingresos
3
Graderías
4
Administración del barrio
5
Delegación C. M. V.
6
Sociedad de Fomento
7
Sala de primeros auxilios
8
Plaza cívica
9
Salón de usos múltiples en la planta alta

Las fotos de la página siguiente muestran el edificio comunitario sobre la plaza pública y en su acceso desde Avda. Riestra

Barrio Cardenal Samoré - Parque Almirante Brown, Sector E

Ubicación: Predio entre Avenidas Dellepiane, Castañares y Escalada
Cantidad de unidades de vivienda: 1.232
Superficie del terreno: 6 ha. Superficie cubierta: viviendas: 99.214 m2; escuela: 2.924 m2; comercios: 454 m2.
Total: 102.593 m2
Año de proyecto: 1984

Ubicado en el límite noroeste del parque, es el quinto de los sectores residenciales organizados alrededor del cruce de las AvenidasDellepiane y Escalada. Los edificios se disponen sobre una retícula que comprende en forma cíclica la red peatonal y la vehicular, si bien ésta tiende fundamentalmente al ingreso para los estacionamientos y servicios del conjunto desde las calles periféricas en una sola dirección. La red peatonal cruza el conjunto en dos direcciones ortogonales, interconectando los ingresos a los edificios con el estacionamiento.

Se proyectan tres departamentos por cada circulación vertical y la unión de estas células, también en número de tres, conforma edificios en forma de L de nueve pisos altos. El agrupamiento de estos edificios en pares o ternas se realiza sobre un área que posibilita el cuidado de los espacios exteriores definiendo una pertenencia clara, a modo de jardines de acceso hacia las entradas. Para ello se previó la adecuada subdivisión de las propiedades.

El centro del conjunto aloja la escuela primaria, accesible por los principales senderos peatonales que pasan por dos pequeños centros de comercio diario.

Planta de conjunto
1 edificios de departamentos
2 escuela primaria con parque interno
3 áreas de comercio
4 estacionamientos

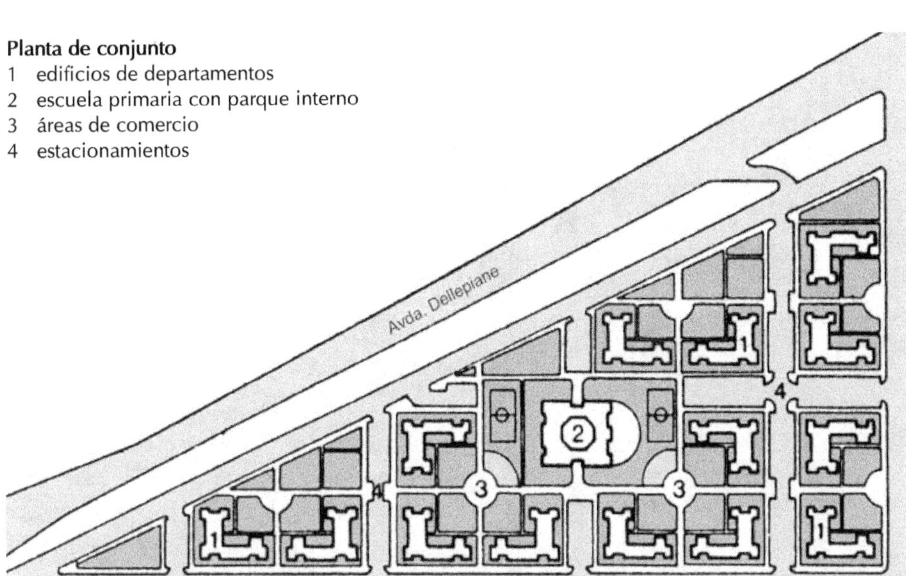

Barrio Cardenal Samoré.
Vista aérea sobre Avenida Dellepiane

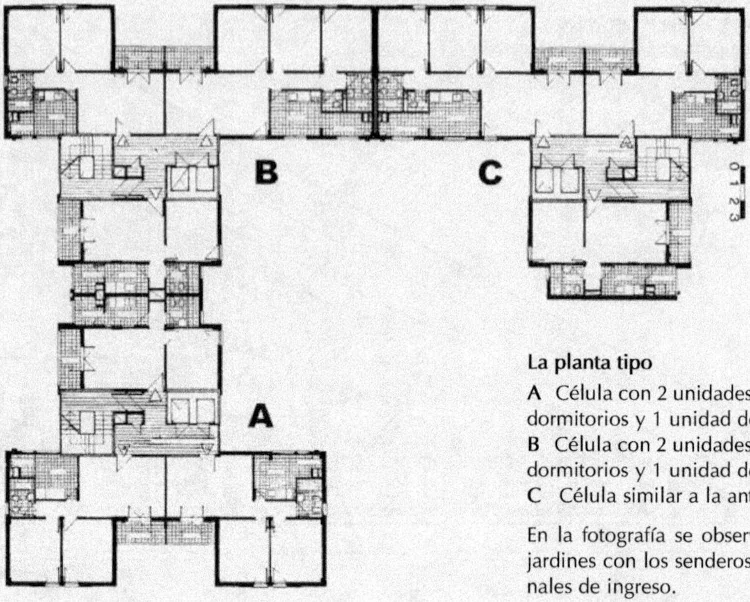

La planta tipo

A Célula con 2 unidades de dos dormitorios y 1 unidad de uno.
B Célula con 2 unidades de dos dormitorios y 1 unidad de tres
C Célula similar a la anterior

En la fotografía se observan los jardines con los senderos peatonales de ingreso.

El edificio tipo

En el diseño de este módulo se consideraron diversos aspectos que necesariamente debían ser compatibles:

Aspectos legales referidos a normas de propiedad horizontal determinaron la cantidad de unidades que alojan los grupos de departamentos.

Aspectos de la demanda de densidad habitacional lógica para los terrenos destinados establecen los nueve pisos de altura de los edificios.

Aspectos técnico-económicos determinaron que la construcción se llevara a cabo mediante procedimientos tradicionales cuidadosamente racionalizados y repartiendo la encomienda entre varias empresas, responsables por sectores de terreno similares.

El acabado general de ladrillos aparentes posibilitó asegurar un buen mantenimiento natural.

Pero la definición más importante estuvo referida a los cuestiones de usos y costumbres en la consideración de lo público y lo privado. Determinaron en definitiva el agrupamiento de tres núcleos de propiedad horizontal en una forma angular, envolviendo un espacio propio del edificio tipo.

Así se pudieron conformar jardines por donde pasan los senderos peatonales que conducen a los halles de entrada de los departamentos, definiendo un claro sentido de pertenencia colectiva en escala adecuada para su cuidado.

El ingreso al barrio a través de la calle peatonal principal

Barrio General Paz, Villa Lugano

Ubicación: Predio entre vías del Ferrocarril General Belgrano, Avenida General Paz y Autopista Dellepiane
Cantidad de unidades de vivienda: 889
Superficie del terreno: 8 ha. Superficie cubierta: vivienda: 76.062 m2; equipamiento: 4.109 m2. Total: 80.171 m2
Año de proyecto: 1984

Este barrio ocupa un particular terreno del borde la Capital Federal, segregado de la trama urbana por la Avenida General Paz y la Autopista Dellepiane, las vías del ferrocarril y un área industrial.

En el proyecto se usan tres tipos edilicios: viviendas bajas en dúplex, en tiras de varios pisos y en torres altas, con la intención de responder a las variadas demandas de sus destinatarios y posibilitar la terminación progresiva de las obras a partir de plazos cortos.

Las tiras y torres, dispuestas en líneas en el borde sur, alojan unidades de doble orientación, con una cara hacia el buen asoleamiento y la otra hacia la excelente vista arbolada que delimitan las avenidas y la calle de servicio de unión entre ambas.

La implantación en línea de estos edificios que generan mayor densidad permite ubicar en esa calle, en el borde sur, el mayor área de estacionamiento vehicular en dársenas.

Las viviendas dúplex se organizan en manzanas simétricas a los lados de un eje peatonal que vincula el equipamiento educacional y comunitario con una calle de comercios .

Perforando los edificios más altos esta calle desemboca en una suerte de mirador hacia el sur, zona baja muy arbolada, ya que todo el terreno se eleva a modo de meseta sobre ese borde.

Un amplio paseo peatonal arbolado (la alameda) separa los edificios altos de las viviendas bajas. El ingreso vehicular se realiza por una única calle que vincula las avenidas y cruza la General Paz hacia la provincia de Buenos Aires Completa la urbanización un centro deportivo de recreación que separa el perfil fabril del área residencial en el noreste.

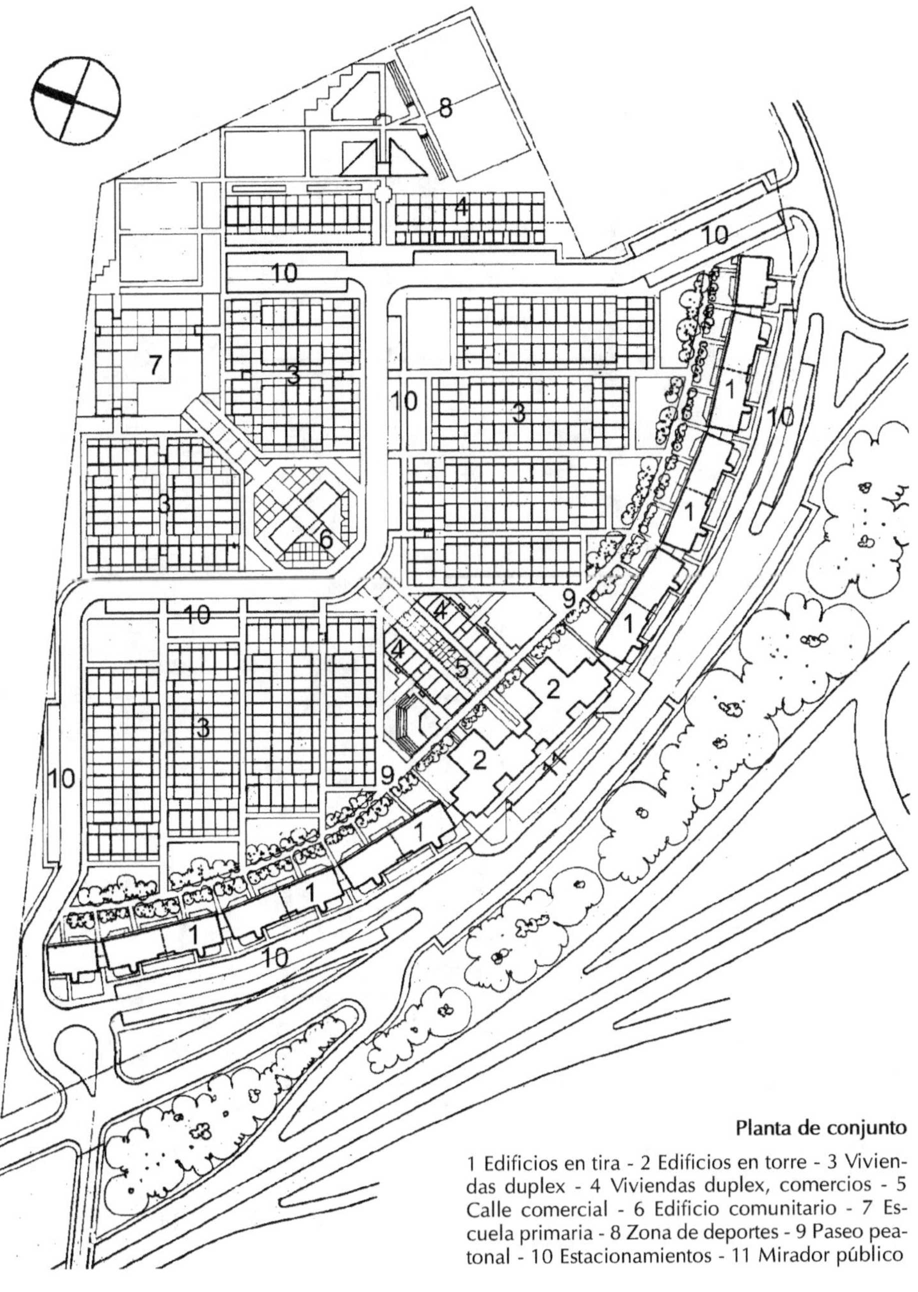

Planta de conjunto

1 Edificios en tira - 2 Edificios en torre - 3 Viviendas duplex - 4 Viviendas duplex, comercios - 5 Calle comercial - 6 Edificio comunitario - 7 Escuela primaria - 8 Zona de deportes - 9 Paseo peatonal - 10 Estacionamientos - 11 Mirador público

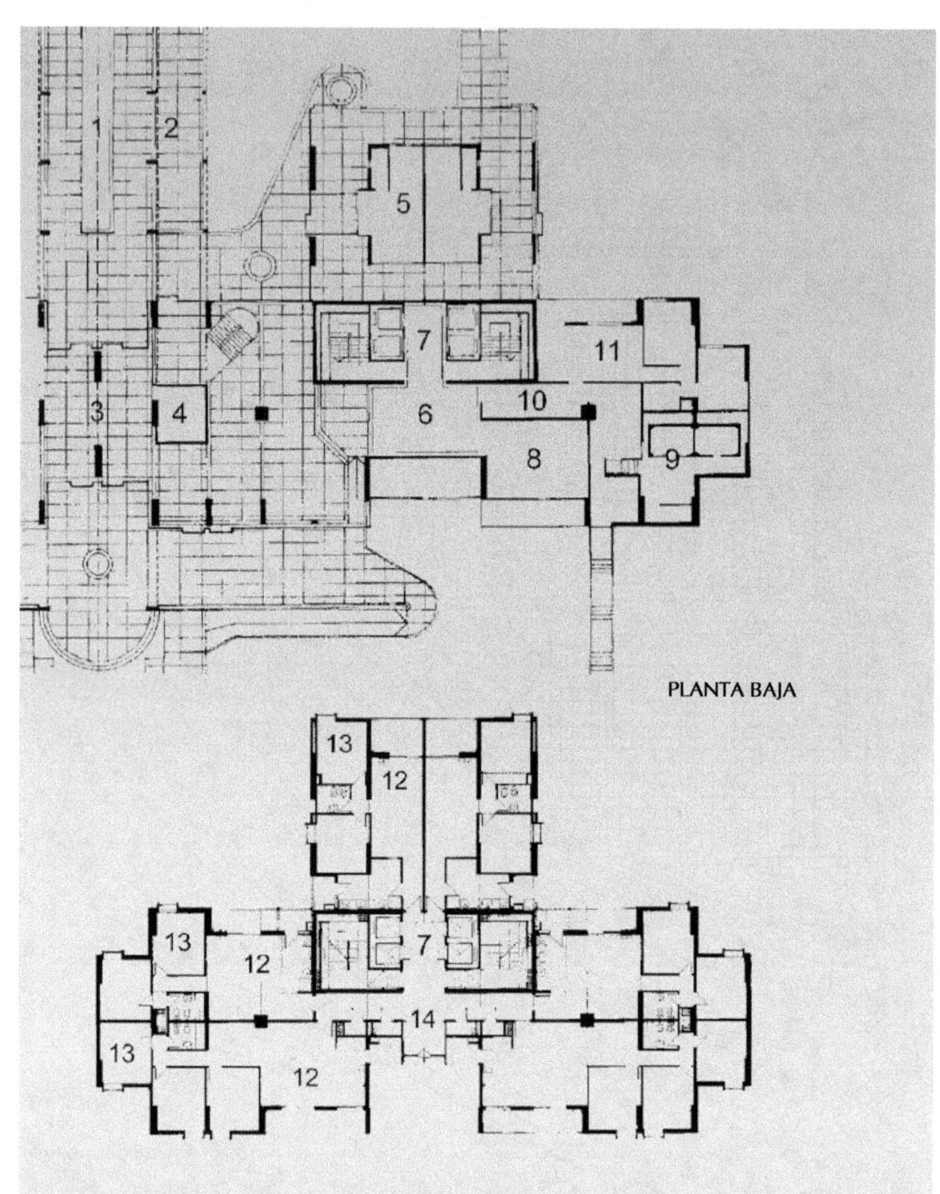

1
2
5
3
4
7
11
10
6
8
9
PLANTA BAJA
13
12
13
12
7
13
14
12
PLANTA TIPO

Edificios en torre
planta baja y planta tipo:

1
extremo de la circulación
peatonal que se desarrolla a
lo largo del eje principal del
barrio

2
circulación semicubierta en
la recova de comercios

3
galería pasante bajo las torres

4
locales para quioscos

5
locales comerciales

6
hall de acceso al edificio

7
palier y ascensores

8
sala de reuniones de los
consorcios

9
salas de máquinas

10
cuarto de medidores

11
vivienda del encargado

12
salas de estar y comedores

13
dormitorios

14
circulación con mirador

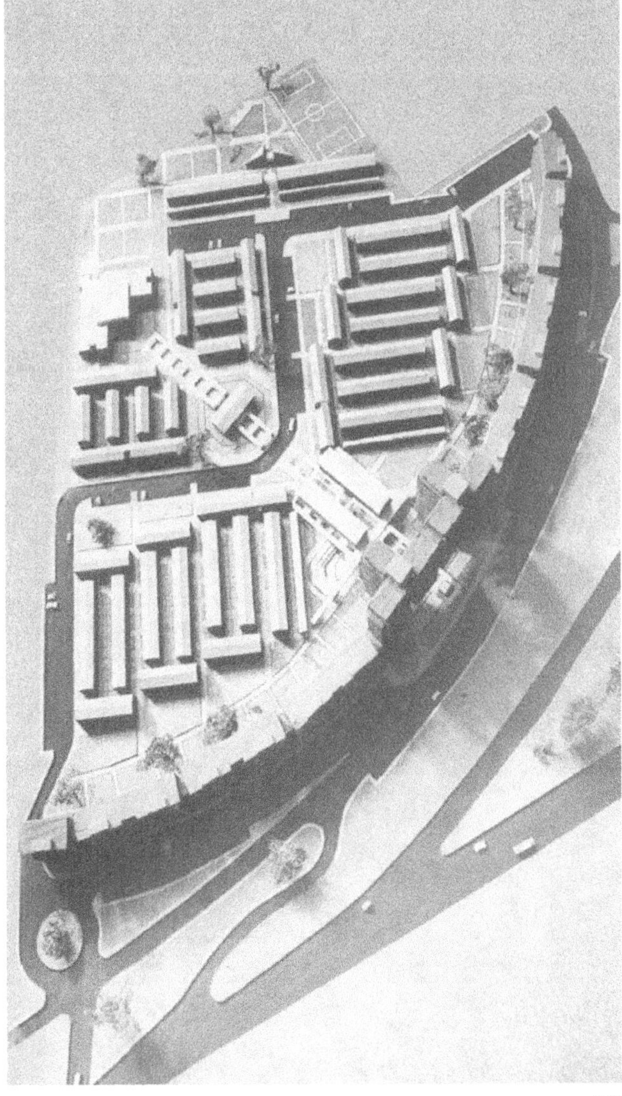

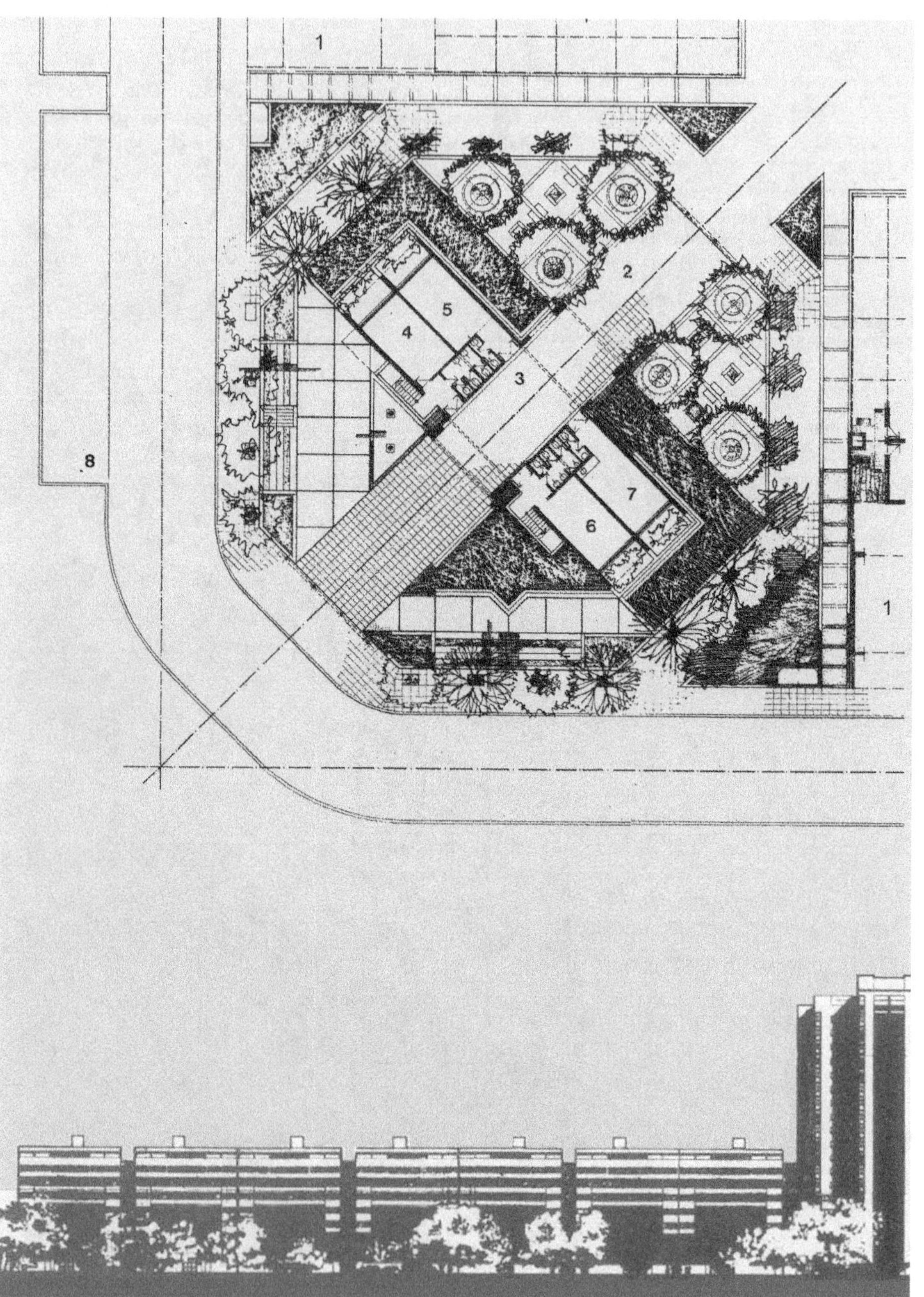

1
2
3
4
5
6
7
8
1

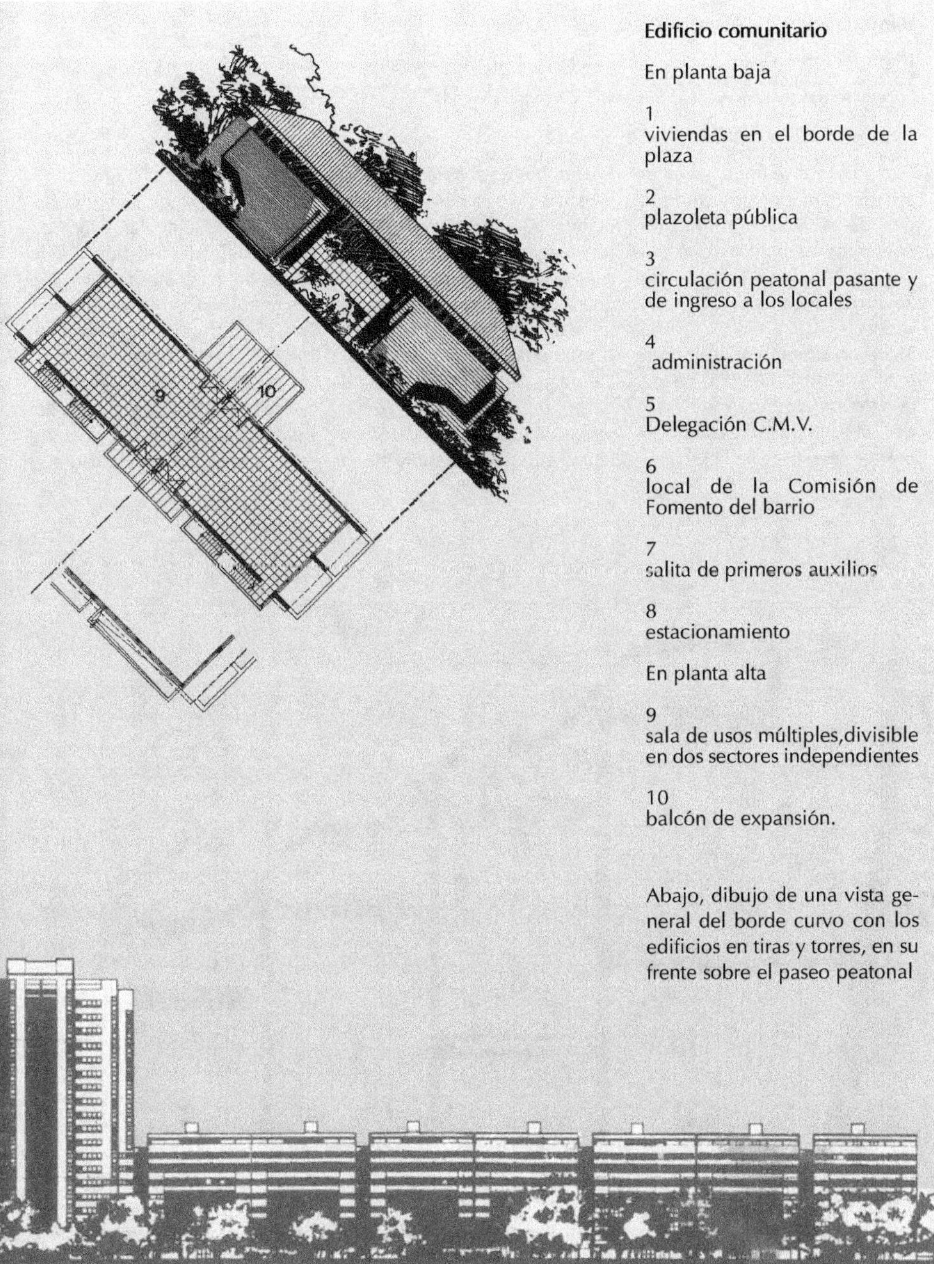

Edificio comunitario

En planta baja

1
viviendas en el borde de la plaza

2
plazoleta pública

3
circulación peatonal pasante y de ingreso a los locales

4
 administración

5
Delegación C.M.V.

6
local de la Comisión de Fomento del barrio

7
salita de primeros auxilios

8
estacionamiento

En planta alta

9
sala de usos múltiples,divisible en dos sectores independientes

10
balcón de expansión.

Abajo, dibujo de una vista general del borde curvo con los edificios en tiras y torres, en su frente sobre el paseo peatonal

61

Barrio Leandro N. Alem, Villa Lugano

Ubicación: Predio entre avenidas Roca, Larrazábal y Gral. Francisco F. de la Cruz
Cantidad de unidades de vivienda: 2.373
Superficie del terreno: 31 ha. Superficie cubierta: vivienda: 193.088 m2; equipamiento: 13.685 m2. Total: 206.773 m2
Año de proyecto: 1984/85

Este proyecto se implanta en un área limitada por un campo de golf de reciente construcción, con el frente mayor al noreste por un lado y el Barrio General Savio de Lugano por el frente sudoeste.

Tiene un extremo angosto frente al Autódromo de la Ciudad y el otro próximo a zonas residenciales importantes como los barrios Mascias y Tellier.

Se estructura sobre la base de la urbanización ya construida parcialmente (pavimentos, senderos, iluminación, juegos, redes y áreas educacionales, etc.) la que se completa incorporando una calle-paseo en el borde del campo de golf.

La organización es casi simétrica en relación con el centro, proponiendo sectores equivalentes en cuanto a radio de in-fluencia del equipamiento.

La distribución de la trama de circulación vehicular y de las áreas edificadas se ordena por el uso de manzanas rectangulares que alojan vivendas indivicuales en duplex, viviendas en duplex superpuestos y edificios de departamentos en tiras de altura variable. Los tres tipos de edificios se completan con torres de quince pisos de altura.

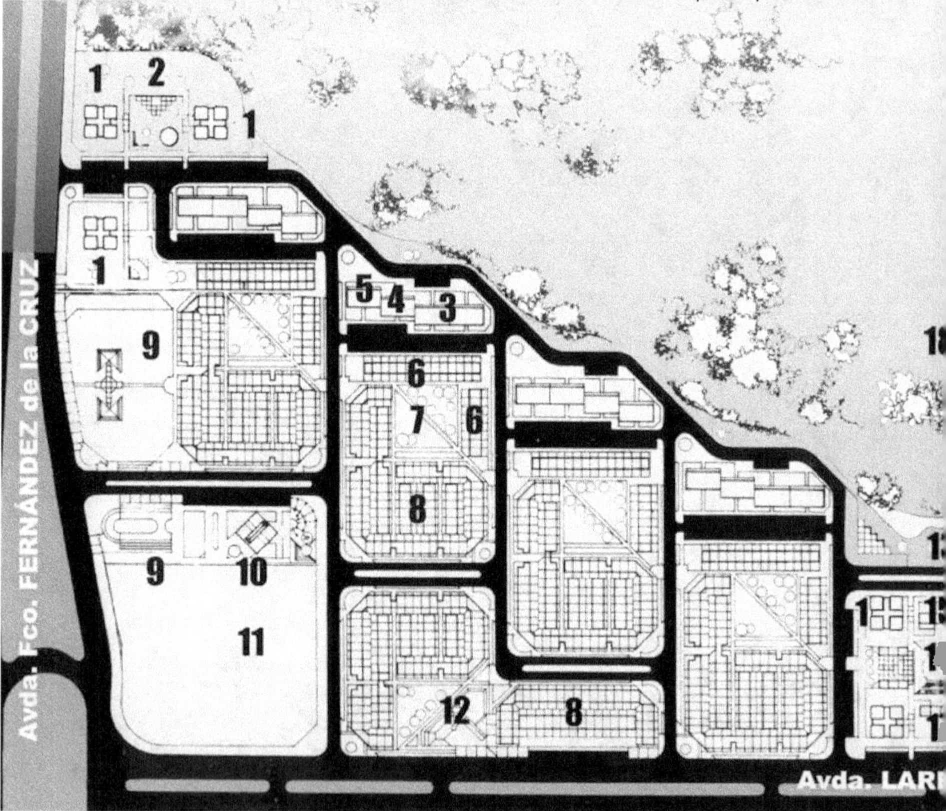

1 edificios torres - 2 plaza de las torres - 3/5 edificios del borde - 6 viviendas duplex de 2 niveles - 7 plazoleta - 8 viviendas duplex - 9 plaza existente - 10 guardería - 11 escuela primaria existente - 12 plazoleta existente - 13 plaza del paseo peatonal - 14 plaza cívica central - 15 guardería - 16 comercios y confiterías - 17 edificio comunitario - 18 campo de golf existente - 19 paseo peatonal - 20 paseo vehicular - 21 estacionamiento - 22 centro de educación integral

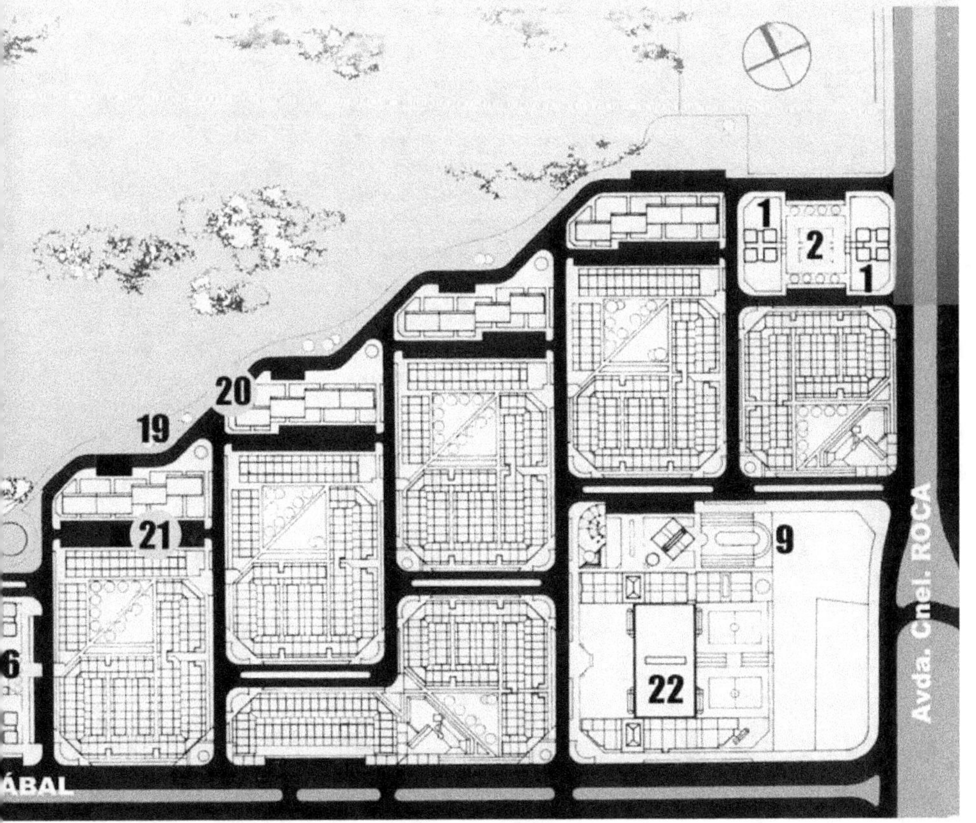

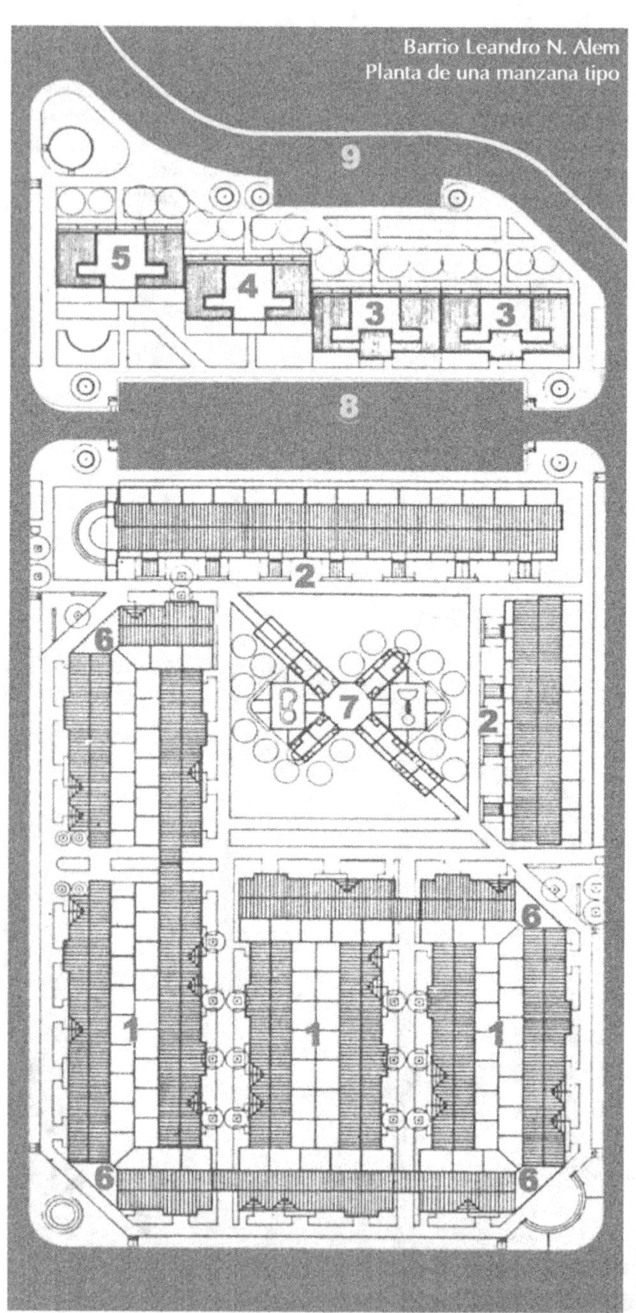

1
vivendas duplex

2
viviendas duplex en 2 niveles

3
viviendas en tira 4 niveles

4
viviendas en tira 6 niveles

5
viviendas en tira 10 niveles

6
local comercial

7
plazoleta

8
estacionamiento

9
paseo vehicular

A la derecha, fotografía de la maqueta de una manzana tipo mostrando la vista aérea.

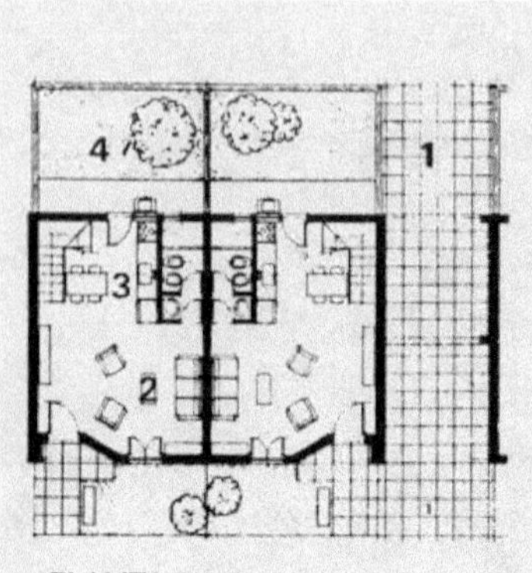

PLANTA BAJA

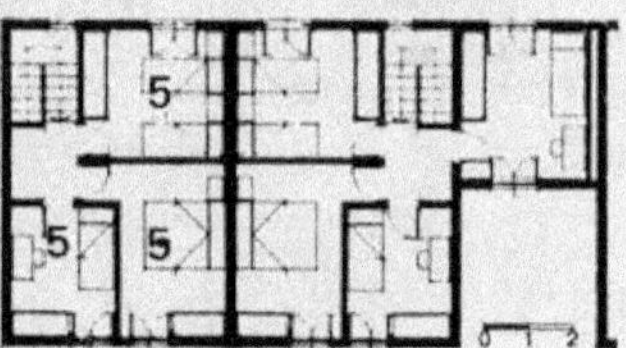

Prototipo de viviendas duplex

Planta baja y alta de tres dormitorios
Variante con cuarto dormitorio en puente.

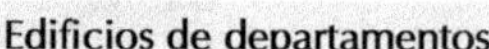

PLANTA ALTA

Edificios de departamentos

Tiras de viviendas: 4,6 y 10 pisos
1 palier - 2 sala de estar-comedor - 3 cocina -
4 dormitorios

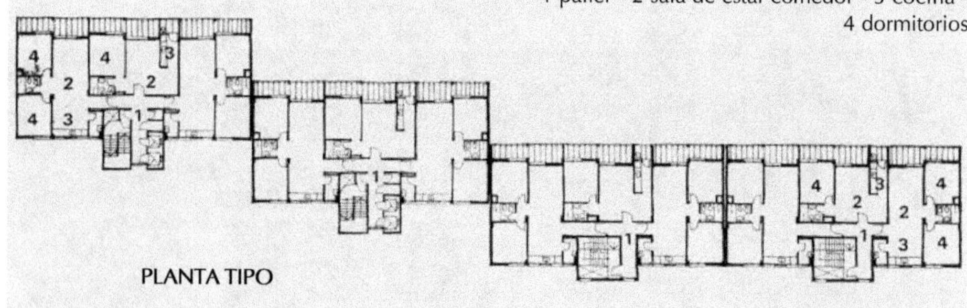

PLANTA TIPO

Los edificios del borde

En la fotografía se observa el extremo de borde de la manzana típica.

En esta manzana se ubican viviendas bajas individuales en duplex y viviendas en duplex superpuestos que agrupadas en tiras conforman una plazoleta. En el borde de la calle-paseo se disponen edificios de perfil escalonado con departamentos de doble orientación, densificando así el límite que disfruta de las mejores vistas.

La diversa altura de estos edificios evita que sean una barrera al paisaje, permitiendo visuales a la gran zona verde desde los pisos altos del vecino conjunto de Lugano.

El escalonamiento en planta define esta tira edificada como borde del campo noreste

Las torres de 15 pisos que se muestran en la siguiente página se ubican para generar hitos referenciales en los extremos de la calle-paseo sobre Avenidas Cruz y Roca y en el eje de simetría de la Avenida Larrazábal. Allí configuran el centro del barrio con los edificios comerciales, siendo el punto de convergencia de las circulaciones peatonales.

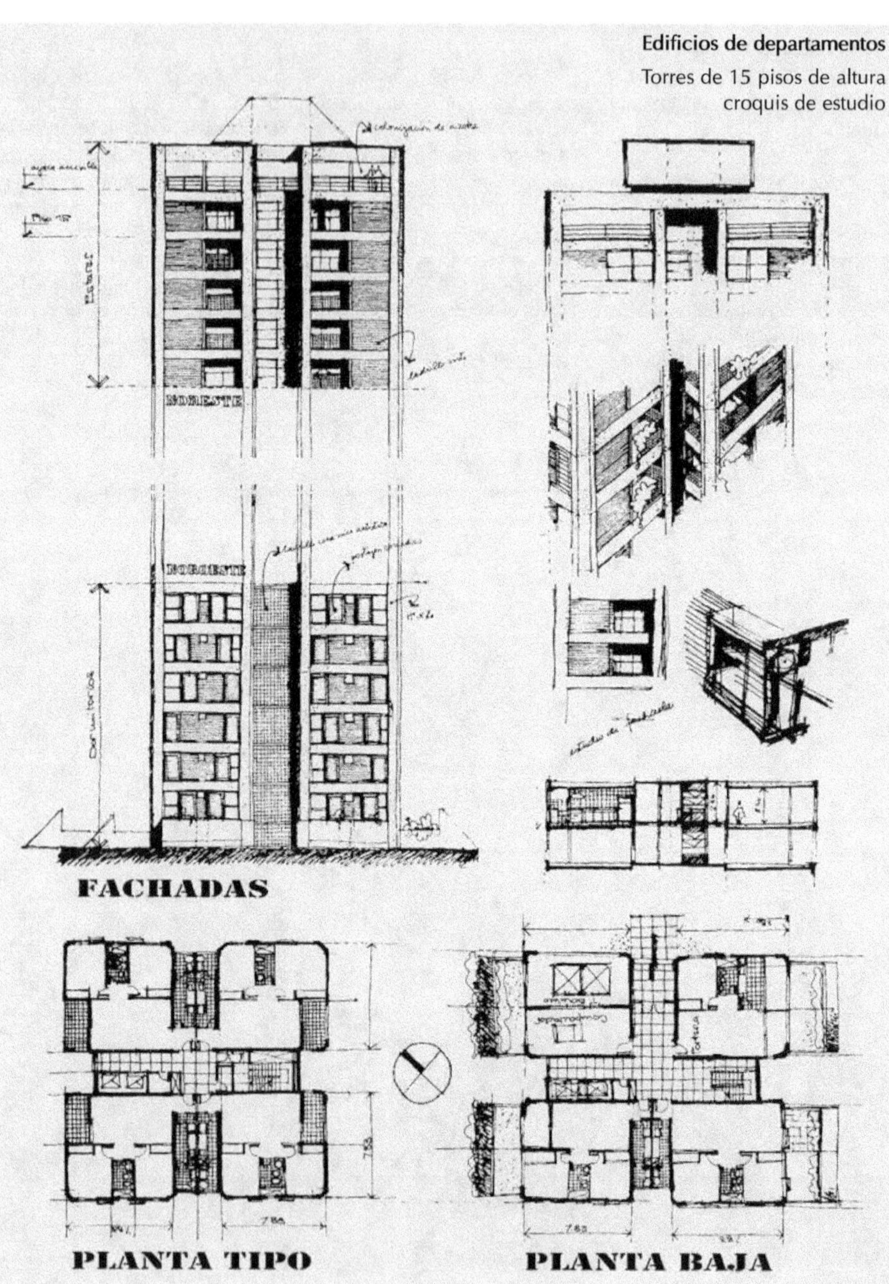

68

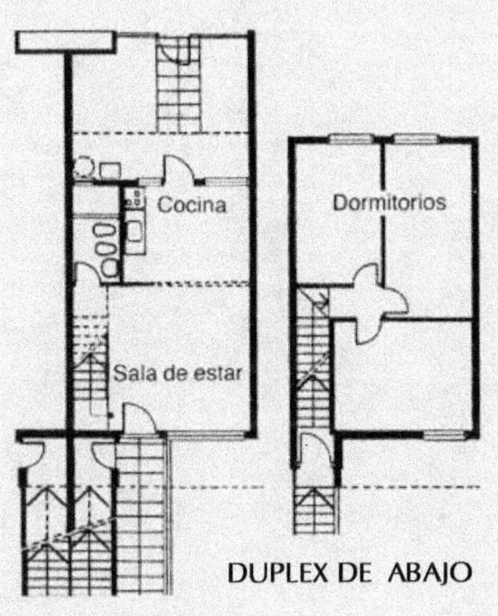

DUPLEX DE ABAJO

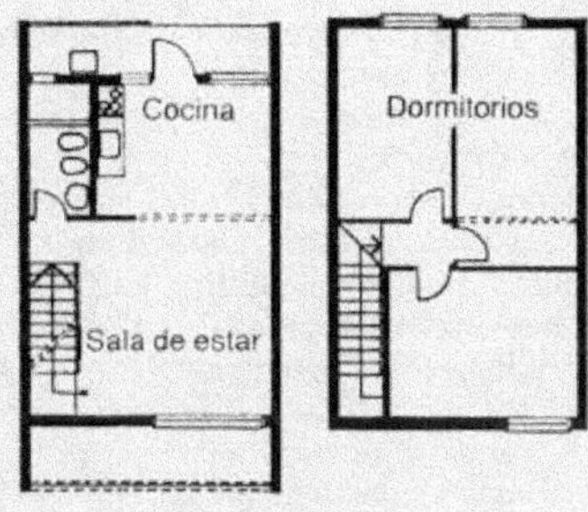

DUPLEX DE ALTOS

planta baja y primer piso del duplex en 1er. nivel

plantas del 2º y 3º pisos del duplex en 2do nivel

Frente principal de la tira de duplex superpuestos, donde se observan los ingresos a los departamentos organizados en pares

Equipos técnicos de la
Comisión Municipal de la Vivienda
1984/86

Proyectos y Obras
Juan M. Borthagaray, Arnoldo Gaite

Juan Suñer, Eduardo Slivka, , Antonio Diserio, Nélida
Nakama, Eduardo Velasco, arqs.

Desarrollo de proyectos
José L. Bertot, Walter Gómez Diz, Luis Méndez,
Alicia Giangaspro, Héctor Díaz Ramos, Silvia
Cacace, Juan Caino, Andrea Calvar, Jorge De Pedri,
Alicia Guerra, Ana Maluh, , Raúl Pais, Roberto Ripari,
Silvia Rosso, Jorge Sulleiro, arqs.
Colaboradores : Cristian Bianchini, Horacio
Caravello, Hernán Carnota, Raúl Ferreyra, Gabriel
Galleta, Mariana Gastellu, Gabriela Leira, Fernando
Losi, Jorge Toledo, Leonor Villafañe, arqs.
Maquetas: Sergio Musheli,arq.

Estudios técnicos, cómputos y pliegos
Jorge Folz, Amelia Viviani, Bartolomé Caldentey,
Miguel Lifrieri, Alï Tajalli, Marta Zítara, arqs.
Estructuras : David Fischer, Alfredo Prisant, Claudio
Risetto, ings.
Instalaciones sanitarias y eléctricas : Alfredo Arjona,
arq., Daniel Rinaldi, Omar Castaño, Claudio Di Risio,
Omar Oliveros, ings.

Conducción de obras
de Barrios Illia y Cardenal Samoré:
Héctor Gorozpe, Guillermo Glaubart, ings., Gastón
Ansuini, arq., Mario Basso, Alejandro Figueroa, ings.,
Cristina Anglesio, Carlos Balmaceda, Carlos Buzzetti,
Néstor Della Latta, Juan C. Pawlowicz, Eduardo
Sopher, arqs.
Asesores: Raúl Alvarez Forn, Eduardo Ghiringhelli,
Horacio Masse, ings.

Subsecretaría CMV:

arq. Juan MBorthagaray - Dr. Bernardo Movsichoff -
Prof. Néstor Silgueira - Cont. Oscar Camerucci.

Gerencias CMV:

Técnica : arq. Arnoldo Gaite

Desarrollo urbano : arq. Eduardo Bekinschtein

Administración y Ventas : arq. Isidro Bueres

Legales : Dr. Julio Moure

Intendencia Municipal de la Ciudad De Buenos Aires
Dr. Julio César Saguier

La "cultura" impuesta

Todo lo que describimos en capítulos anteriores configura un aspecto muy restringido de lo que sería necesario abordar para efectivizar ese "derecho al acceso a una vivienda digna" según lo establece la Constitución Nacional. Se trata de acciones parciales encuadradas exclusivamente en normativas de una ley que enuncia loables intenciones, pero que en su aplicación práctica no contempla realidades de nuestra situación regional y nacional.
Considerando este panorama, entendemos que se impone la revisión y cambios profundos que debieran ser producidos por el análisis adecuado de las experiencias que ya tiene el país a través de la gestión de programas y realizaciones.

Un aspecto importante de nuestra realidad, es que la acción del estado no siempre es un reflejo de las verdaderas posibilidades de participación de las capacidades más lúcidas. Si bien el sistema democrático permite la acción de interesados posibilitando que se conozcan sus opiniones y estudios sobre el tema, la capacidad de gestión de ciertas profesiones esenciales para la cultura del hábitat, como la del arquitecto, no ha sido desarrollada sistemáticamente para encontrar un lugar adecuado para operar. Aquello que podemos denominar "espacio político-técnico"

Otro aspecto es que las normas que fijan prioridades condicionan autoritariamente un tipo (modelo posible) de diseño o construcción, sin flexibilidad para su adaptación a contingencias culturales adecuadas a su medio.
Recordamos aquí aquel "barrio moderno" según las normas, que obligaba al uso de gas (en garrafas-costosas), cuando el monte natural seco santiagueño estaba,

gratis, cruzando la calle. La existencia de este recurso, vinculada con la cultura del fuego característica de los pobladores del barrio, generó una respuesta a través de la construcción por propias manos de hornos y hornallas.

En aras de una pretendida "modernidad" las normas ignoran las posibilidades de uso de recursos regionales ricos en tecnología e historia.

Por ejemplo, el uso del adobe en el noroeste, material que ha sido objeto de exitosas investigaciones en la Universidad de San Juan, mejorando su calidad ante agresiones del clima. Quien conoce el uso de este material en el Cusco, capital del Imperio Inca y compara las saludables construcciones en adobe y paja con muchos de nuestros conjuntos habitacionales no duda en observar las ventajas de aquellas; no sólo por el inteligente uso del recurso propio, sino muy especialmente por su respuesta al clima.

También la indiferencia o la ignorancia frente a usos y costumbres de los lugares de aplicación de los recursos, en particular lo referente a las ocupaciones de los habitantes.

En un moderno conjunto habitacional del borde selvático en las afueras de Posadas, Misiones, había quejas porque el material del piso de los comedores se deterioraba. Claro, los habitantes no tenían otro lugar por donde llevar su caballo al fondo, por que el diseño aprobado por la "norma" le planteaba una disyuntiva: o rompía el piso por ese tránsito, o cambiaba de profesión, que dependía de ese transporte "a sangre". En otros casos pudimos saber que habían cambiado su profesión.

Son problemas generados por normas que producen deformaciones culturales, restringiendo diseños y tecnologías más sensatas.

Pero el problema grave, que arrastra al fondo de la cuestión, es que los modelos que rigen el concepto de "habitabilidad", se fundan en una concepción de cultura universal con el patrón de la llamada "tecnología de vanguardia o de punta".

Falacia, por cuanto esa universalidad es una abstracción. Tal vez apreciable como

rancho del litoral, otro modelo autóctono

aspiración de igualdad, pero despreciable cuando imposibilita el desarrollo de las propias culturas de los pueblos en donde ella se inserta.

En el capítulo 7 referido a miseria y funcionalidad de la vivienda autóctona de su libro Vivienda y Clima, Wladimiro Acosta dice que "parecería de elemental sabiduría y sensatez recoger y aprovechar las enseñanzas que indudablemente encierran las construcciones autóctonas. Ello casi seguramente permitiría llevar a cabo con rapidez planes más amplios y generosos, económicamente realizables y que tendrían al mismo tiempo la inapreciable ventaja de mantener un tipo de vivienda enraizada en el paisaje, el clima y el modo de vivir del hombre de la región.
Es preciso entender que no se trataría, en este caso, de mantener una tradición ni un estilo "criolllista" -un formulismo- sino de promover una simbiosis armónica de la técnica constructiva y sanitaria moderna con el uso de los materiales y las formas tradicionales, funcionalmente útiles, de los primitivos habitantes del lugar"

la casa del gringo
persistente modelo adaptado a programas y climas

Las palabras del maestro, caídas en el olvido, conservan la fuerza vital de lo permanente. Nuestra "inteligencia" no ha sido capaz durante muchos años de fundar en estos conceptos la actividad arquitectónica, no supo reconocer las raíces profundas que sustentan ese pensamiento. Ha preocupado mucho más que la imagen de los proyectos y obras se insertara en alguna "teoría" de reciente enunciación, como si ser moderno (y aún post-moderno, vaya soberbia) consistiera en eso. Se ha interpretado la tecnología producida en los centros de alto desarrollo como la meta excluyente: en los estudios se han incorporado asignaturas para que los alumnos operen adosándoles "sistemas constructivos industrializados" a "sus proyectos", como si esto también fuera un requisito de modernidad.

Y claro, también las normas a cumplir en Planes de Vivienda, se han fundado en tamaño desatino: esa "cultura" ha sido coherente.

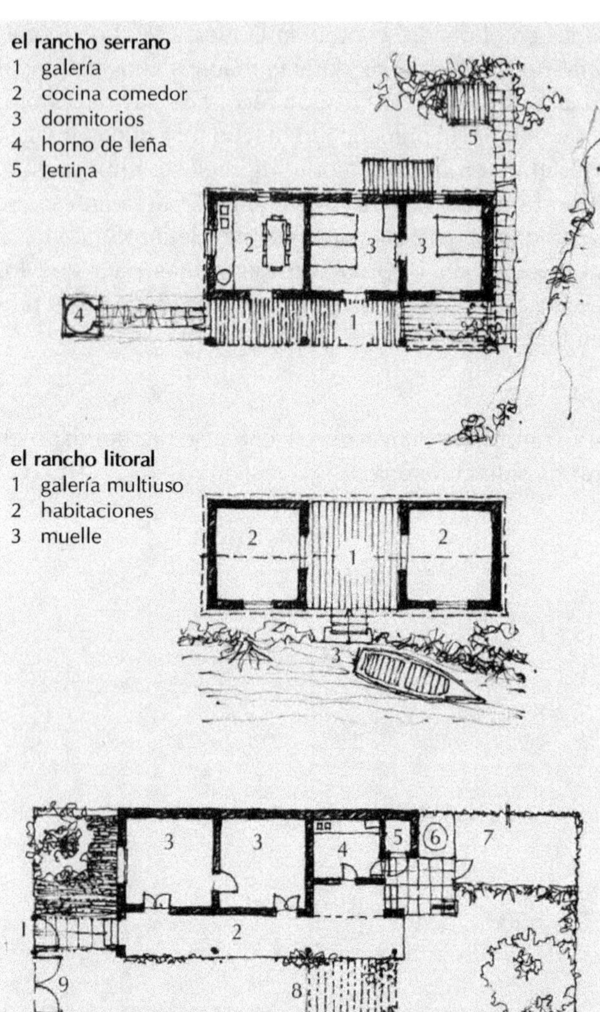

la casa del gringo , tan bien analizada por César Carli en su libro
"8 grados al sur del trópico de Capricornio".
Junto con el rancho serrano y la vivienda litoral, ofrece un acabado ejemplo de diseño adaptado a programas y clima, con un inteligente uso de los recursos.
1 acceso - 2 galería - 3 habitaciones - 4 cocina - 5 baño - 6 horno
- 7 gallinero - 8 emparrado - 9 ingreso para carro

Realidad y miseria

¿Qué resultados ha obtenido tal forma de pensar y de operar? ¿Qué soluciones ha podido aportar a la problemática que nos ocupa?

En el aspecto cultural, una evidente ruptura entre aspiraciones y posibilidades de atención a la creciente demanda de vivienda: la dependencia casi única de la existencia de planes y concursos, la incapacidad o el desinterés evidente en asistir a un amplio espectro de la población insertando la actividad de quienes debieran responder a esa demanda con creatividad, y por que no, con entusiasmo.
Las contradicciones latentes en nuestra realidad producen una tremenda frustración, porque no se puede operar en la ficción. Desde el punto de vista de los planes u operatorias, observando que el déficit de viviendas no sólo no ha disminuido, si no que se incrementa simplemente por el crecimiento vegetativo de la población - en nuestro país el más bajo de Latinoamerica - no hace falta agregar más.

En esta realidad que no puede ser ignorada, ni por el Estado ni por las profesiones que deben operar con el hábitat, es posible reconocer diversos sectores.
El más evidente es el que configura las villas miseria, ocupando los terrenos que encuentra "desatendidos"; en general, propiedades municipales o del ferrocarril. Constituye el sector en donde la imposibilidad de acceder a un bien es casi absoluta, que en nuestro país se ha incrementado vertiginosamente a partir de la profundización de la crisis de la producción.
En algunas Provincias, la ocupación prolifera además en tierras que no han sido objeto de la especulación inmobiliaria por estar sujetas a vaivenes de fenómenos como el de las inundaciones.

Cuando éstas ocurren, las características de catástrofe hacen que aparezca a la luz de las noticias periodísticas un problema que, mientras tanto, fermenta en el silencio cómplice de una sociedad desequilibrada, que dedica páginas cotidianas y espacios televisivos a los valores de la bolsa y el dólar.

Existe otro sector, que en la actualidad consolida una "villa" disfrazada o mimeti-
zada en la ciudad: el denominado de "hoteles y pensiones".
Una habitación, la miserable "pieza" - ocupada por toda una familia - de una casa
de inquilinato. El escaso margen diferencial económico de este sector le permite el
"privilegio" de sobrevivir más cerca de la fuente de trabajo que ofrece esa integración con la ciudad. La mayoría de estas familias han sido desalojadas de viviendas
menos denigrantes por no poder solventar su alquiler.

Conventillos, hotel y pensión, casa de rentas. Cualquiera de estos programas puede alojarse tras estas portadas que traen el recuerdo de una arquitectura opulenta, pero que hoy son fachadas degradadas de habitaciones obsoletas.

En la Capital Federal además hay un gran número habitantes que vivía en las Villas Miserias privilegiadas por su ubicación dentro del ejido urbano, que con un maravilloso "Plan de erradicación" fue lanzado más allá del Riachuelo y la Avenida General Paz, lejos de su fuente de ocupación habitual; han regresado a sobrevivir en esos "hoteles y pensiones".

Un tercer sector ha podido acceder a la propiedad de un lote en los bordes de las ciudades en terrenos sin infraestructura adecuada - salvo la apertura de calles sin pavimento - pero con la posibilidad de amojonar para proceder al negocio inmobiliario.

La mayoría no ha alcanzado siquiera a pagar la escritura para afianzar la propiedad correspondiente, pero el hecho de ocupar un espacio propio le ha motivado para comenzar a construir allí su abrigo elemental.

Proliferan las llamadas "prefabricadas" de madera, otro negocio pensado astutamente a escala de la necesidad.

Cuando ese primer afianzamiento posibilita una mínima evolución socioeconómica es posible observar otro sector, muy generalizado. Cuando se recorren los barrios periféricos de las ciudades resulta notable el número de lotes o viviendas que muestra, por la presencia de materiales como arena, ladrillos, cascotes, que su propietario está construyendo.

En las zonas más modestas los fines de semana se puede verificar que es el mismo propietario, algunas veces con ayuda de un albañil, quien está "levantando sus paredes".

Nos atreveríamos a afirmar que así han crecido desde hace tiempo las mayores áreas de las ciudades argentinas.

Con esta somera descripción pareciera que nos hemos aproximado al sector social que dispondría de excedentes para resolver su problema de vivienda en el cauce natural de las reglas de juego de la sociedad consumista. Sin embargo, nuestro país afronta hoy las lamentables consecuencias derivadas de políticas económico-sociales que definitivamente nos han sumergido en una crisis de tal profundidad que allá por la década de los años 60, y aún del 70, resultaba inimaginable.

Sociedad receptora de los aspectos más negativos del desequilibrio mundial de los sistemas en conflicto - tras las falacias de tesis que operaban detrás del sueño de la Argentina Potencia, con argentinos "derechos y humanos" - hoy asume una realidad que más que sueño resulta pesadilla.

Lo que otrora caracterizaba una población ciudadana de clase media numerosa y pujante, modelo apetecible por otras sociedades latinoamericanas, integra hoy pauperizada la enorme mayoría que subsiste en un límite inestable. Los excedentes, si existen, no alcanzan para producir el desprendimiento familiar natural. Así vemos incrementado el sector deficitario, no sólo por la imposibilidad de pagar altos alquileres o aspirar a la propiedad, sino porque los hijos no pueden constituir sus propios hogares. Un número nada despreciable de jóvenes se agrupa para alquilar viviendas obsoletas, con los consecuentes inconvenientes sociales que esta suerte de "comunidad" plantea.

Hoy y aquí

Esta compleja realidad demanda estrategias adecuadas para operar corrigiendo muchos factores de desequilibrio. Se trata de un camino que está por andarse.

En general, se tiende a relacionar estas estrategias con las posibilidades de la industria de la construcción, encuadrando a está en el campo de la reactivación de la economía general.
Concepción que, dudosamente veraz, alienta la ignorancia de otras formas posibles de actuación en una economía de escasos recursos.
Bastaría con un cambio radical en la forma de usar los dineros del Fondo Nacional de la Vivienda para comenzar a andar ese camino.

Acciones de apoyo crediticio a quienes demuestren una vocación de sumar el recurso de su esfuerzo, tal vez el único no escaso en nuestra sociedad; uso de los dineros públicos para proveer de infraestructura básica a los nuevos asentamientos, imaginación para conseguir que los prestamos cumplan su cometido proveyendo la asistencia técnica y comunitaria adecuada para garantizar así que exista el recupero necesario: que no se trate de "donaciones" con la consiguiente degradación moral que implica actualmente esa suerte de "lotería" en que se ha convertido el ser adjudicatario de un crédito FONAVI.

Porque éste ha sido en definitiva el resultado de operar en esa abstracción de normas fundadas en "universalidad y vanguardia".
Utopía convertida en realidad para operar que produce costosos resultados: el costo promedio de una vivienda FONAVI, a principios de 1984 frisaba los 20.000 dólares.

Es claro que el mantenimiento del sistema plantea dos

alternativas: si el "acceso a la vivienda" se adjudica en propiedad a quien más la necesita, haciendo números resulta evidente que no alcanza su vida para pagarla; es más, que no hay posibilidad de cuota a su alcance para ello. Primera alternativa, regalarle la vivienda producida con dinero de la comunidad. Segunda alternativa, otorgarla a quien está en condiciones de pagarla, es decir, a alguien menos necesitado.

Estas dos posibilidades alojan en principio una alta cuota de injusticia, pero además tienden a consolidar, por muchas razones, el desequilibrio social.

La duplicación de la población argentina (9) previsible para el próximo cuarto de siglo ¿verá como un recuerdo inalcanzable el habitar en un vagón del ferrocarril inglés, en un conventillo, aún en una villa miseria?.

Entonces ¿No existen otras posibilidades de respuesta al problema? La persistencia, y aún el incremento del déficit habitacional ¿tiene como destino la regresión de volver a habitar cavernas, hoyos, casuchas de sobrantes de la industria del mundo del consumo?

No escapa a nuestra consideración que el problema se asienta en una característica propia del conflicto que afronta la civilización: la desigual distribución de la riqueza y de los medios disponibles para generarla. Es claro que si las posibilidades de trabajo y remuneración adecuada tuvieran vigencia, la "vivienda digna" entraría naturalmente en el campo de los posible, y en definitiva esto constituye la aspiración madre de nuestros desvelos.

Pero nos preguntamos: mientras la sociedad lucha detrás de este ideal, nuestra preocupación por el hábitat, la calidad de vida del ser humano ¿debe llamarse a sosiego, sentarnos a esperar que en el mundo aparezca la justicia y se den las condiciones adecuadas para operar? A algún arquitecto de éxito internacional le he escuchado opinar que la Arquitectura está en un período de espera...

Como profesionales dedicados por vocación a la creación de habitabilidad (así entendemos la arquitectura) creemos firmemente que no. Que nuestra misión esencial consiste en actuar HOY Y AQUÍ. (10)

No estamos solos en esta tesitura. La población necesitada de vivienda, sin tantas normas, sin tantas líneas de justificación y análisis de la situación de su derecho a habitar dignamente, se la procura. Pone en acción ese instinto biológico, ancestral.

A veces como el gorrión, instalándose en viviendas desocupadas. Las más de las veces como el hornero, haciendo un esfuerzo más consciente en procura del techo.

NOTAS

1. Ver más datos en Desarrollo Urbano y Vivienda.
Introducción al estudio de la acción del Estado.
Baliero, Borthagaray, Bekinschtein, Gaite, Gigli. Leston,
Rabich, Sarudiansky. Publicación SEDUV. 1983

2. Reflexiones acerca de la enseñanza de Arquitectura.
Revista Summa Universitaria No 1. Septiembre 1986,
págs. 42/44

3. Vivienda y Ciudad. Problemas de arquitectura contemporánea. Wladimiro Acosta. Ediciones Anaconda.
2ª. Edición 1947

4. Cita textual art. "Reflexiones". Revista citada

5. La Comisión Municipal de la Vivienda de la Ciudad
de Buenos Aires. Revista Summa Nos. 208/209
enero/febrero de 1985, pág. 48

6. 8 Proyectos de la C.M.V. id. anterior, pags. 102 a
115

7. Diagnóstico de la situación actual. Juan M.
Borthagaray, en Desarrollo Urbano y Vivienda. SEDUV.
1983, pág. 149

8. Relación de costo y superficie. Ana Paulina Consolí
de Recabarre. Estudio Económico de la vivienda unifa-
miliar de interés social. Revista Summa No. 197
(Publicación completa del Instituto de Arquitectura y
Urbanismo. Universidad de Mendoza)

9. La Organización del Territorio. Juan Ballester Peña.
Ediciones Previas EUDEBA. Secretaría de Extensión
Universitaria de la Facultad de Arquitectura y
Urbanismo. Universidad de Buenos Aires

10. Lema rector del Taller de Arquitecto Wladimiro
Acosta en la Facultad de Arquitectura de Buenos Aires
(1957/67).

APÉNDICE 1

Vivienda y Estado
Síntesis de las relaciones

La sucesión de políticas referidas al tema de la vivienda aplicadas por los diferentes gobiernos en nuestro país, ha sido en general el resultado de la presión de situaciones de infradesarrollo; situaciones que han agrandado paulatinamente el déficit habitacional, dada la manifiesta imposibilidad de acceder a la posesión de una vivienda a partir de los propios ingresos de un porcentaje cada vez más alto de la población.

Resulta evidente que desde las tibias medidas adoptadas a principios de siglo para evitar la desmedida especulación con los precios de alquileres en las casas de renta, hasta la sanción de la Ley del Fondo Nacional de la Vivienda que posibilita la acción continua y ordenada del Estado haciendo viviendas para familias de "recursos insuficientes", se ha recorrido un camino bastante extenso. En este recorrido, basta observar las leyes que a lo largo de más de ochenta años se han sancionado relativas al tema habitacional, para concluir que dos aspectos se han consolidado:

. El primero ha sido la estructuración en el orden nacional de los organismos destinados a atender el problema: la Secretaría o Subsecretaría de Desarrollo Urbano y Vivienda, inicialmente dependiente del Ministerio de Economía y posteriormente del de Acción Social y, en el orden provincial, de los Institutos Provinciales de Vivienda.

. El segundo, es la conciencia creada de la imperiosa necesidad de atender al planeamiento nacional como punto de partida para la organización del territorio: en los aspectos urbanos, como prioridad, dado que la tendencia de las gentes a vivir en ciudades es característica dominante en la sociedad actual y en los aspectos rurales en segundo término.

Que ha habido sucesión de políticas de vivienda es innegable, pero que sus resultados han sido magros, también lo es. Para entender esta valoración se debe tener en cuenta que el déficit habitacional se estima en más de 2.500.000 viviendas consideradas con un mínimo de habitabilidad lógico para nuestro medio, viviendas que albergarían a mas de diez millones de personas sobre una población nacional de menos de treinta millones. Y que este déficit se produce en un país donde el crecimiento demográfico es mínimo, comparando con el crecimiento mundial y en particular con países del continente al cual pertenece.

Si otro hubiera sido el crecimiento poblacional, podríamos suponer que el déficit (del 30 %) se habría constituido en un problema de magnitud tan evidente que ya no cabrían expresiones como las que a veces se hacen públicas considerando la falta no tan grave porque la gente no vive en las plazas ni ocupa los caños para habitar.

Pero aún a este lento ritmo de aparición de seres humanos procreados en estas tierras, es necesario tener conciencia que para fines del milenio (faltan sólo 18 años) en el país habrá cerca de cuarenta millones de habitantes.

Estos doce o trece millones más que la población actual suponen, en principio, la necesidad de actividad ocupacional, es decir, trabajo. Pero aún sin él, nuestro problema, el que nos ocupa en este estudio, es que la población debe HABITAR en su concepción integral: no sólo tener un techo, sino también las posibilidades de desarrollar en vida las actividades las actividades o funciones inherentes al ser humano; funciones relativas a educación y estudio, salud y recreación, con todos los servicios e infraestructura necesarios para ello (transporte, energía, obras de salubridad, etc.)

Y la magnitud que implican varios millones de habitantes con tendencia a vivir en forma urbana (más del 80 % de la población de nuestro país) lleva, inevitablemente a la necesidad de ciudades adecuadas para el establecimiento de esas comunidades.

Ya se trate de consolidar ciudades existentes sobre cascos iniciales de pueblos o de la necesidad de crear ciudades nuevas, como así de organizar las áreas rurales, dos aspectos hacen evidente la necesidad de de su atención:

. Uno de ellos, primordial, indica que la Nación debe programar su desarrollo atendiendo a la distribución en el territorio de las fuentes de ocupación y trabajo, que configuran el punto de partida de las necesidades habitacionales. Decimos la Nación porque si bien esta tarea debe estar basadas en los diagnósticos de los especialistas en los temas de competencia, es responsabilidad esencial del poder político. Por otra parte solamente el Estado, basándose en las leyes que reglamentan su propia conducta y promuevan la actitud de las acciones privadas en dirección a una estructura nacional clara y explicitada, es quien puede y debe definir el amplio contenido que para el desarrollo de una sociedad equilibrada corresponde a los asentamientos humanos.

. El otro aspecto evidente, es que la respuesta adecuada a ese programa de estructura nacional compete a quienes deben dar soluciones técnicas, sean de orden legal, sociológico, económico o constructivo. Es decir, a los especialistas en la materia.

Referente a la planificación general existen ya en el país muchos estudios, análisis y propuestas en danza, realizados por especialistas, tanto en función privada como pública. Casi todos los centros urbanos del país han sido objeto de análisis y propuestas de desarrollo. Pero en ningún caso esas propuestas se han llevado orgánicamente a la práctica y menos aún, se han concretado normas legales referidas al uso racional del suelo o a la política activa del Estado para ordenar el territorio como ya lo expresáramos.

En el marco de esta falta de referencia general, en los últimos años se han invertido fondos muy importantes destinados a resolver problemas habitacionales y aquí sí podemos concluir que se observan resultados concretamente materializados en edificios construidos por todo el país. Para realizarlos es evidente que se han debido tomar decisiones que van desde su localización hasta la habilitación definitiva para se entregados a sus habitantes.

Cuando intentamos introducirnos en las razones de estas decisiones, un cúmulo de componentes del problema nos aguarda: se habla de normas de procedimiento, de adjudicación, de infraestructura, de índices zonales de déficit, de nivel socioeconómico del usuario, de valores de cuotas y seguros, gráficos y curvas de recupero, de normas constructivas, de tecnología industrial, de prefabricación y normalización, de normas de habitabilidad, de horas de sol; también se habla de indexación de los pagos, de circulares y resoluciones, de capital ocioso y productivo. En fin, se habla de varios temas.

Si todos ellos han sido considerados debidamente y la respuesta de los responsables políticos y técnicos a cada problema concreto planteado ha sido o no la adecuada, plantean la necesidad de realizar una evaluación imprescindible. Tarea que debería ser rutinaria para poder ajustar la experiencia de los resultados a una acción cada vez más positiva y con el menor margen de error posible en los proyectos.

Nuestro equipo de estudio recorrió varias provincias y visitó obras realizadas, cambiando opiniones con autoridades y técnicos de los respectivos Institutos Provinciales de Vivienda, tomando también contacto con las observaciones de algunos habitantes. A la luz de las experiencias recogidas, que naturalmente configuran apenas una aproximación al principio de una evaluación, podemos ya registrar algunas consideraciones.

Para comenzar cabe decir algo acerca de la estructura actual de los organismos que operan en el tema: la administración está configurada por una entidad nacional - Subsecretaría de Desarrollo Urbano y Vivienda - que asigna los cupos, aprueba los planes y autoriza los fondos requeridos. Estas funciones implican en definitiva la determinación de una política de vivienda, normalmente definida en relación directa con el déficit, pero no explicitada, en razón de la ausencia de un plan nacional que regule los asentamientos humanos en el país. Los organismos provinciales - Institutos de Vivienda - tienen a su cargo la propuesta de la operación, su localización y el control técnico de la ejecución.

Esta estructura es de reciente data, 1976 (comenzó a operar en 1977).

En sus inicios y aún hoy, algunos organismos provinciales no cuentan con todos los medios de organización técnicos y la experiencia necesaria para operar con eficiencia. De ello resulta que la Subsecretaría realice acciones tendientes a reemplazar esas falencias, dado que la disponibilidad de fondos y la existencia del déficit determinó la necesidad urgente de utilizar los recursos. Así es como se han dictado todas las normas operativas y técnicas que deben cumplir los planes en todo el territorio nacional.

Actualmente los Institutos Provinciales postulan modificaciones "elastizando" estas normas, para permitir su adaptación a diferencias regionales, dadas las variadas condiciones climáticas y socioculturales que existen en el país.

Resulta harto conocida la que podríamos llamar tradicional "incomunicación afectiva" entre la cabeza nacional - Capital Federal - y la Provincias; en nuestro tema es clásico que en los organismos provinciales se escuchen objeciones a la acción de la administración nacional; en general referida a la normalización que, según aducen, ignora las particularidades locales, reclamando atención específica de sus propios problemas con sus propias soluciones.

En suma, aflora el concepto de Federalismo tan caro a nuestra historia. También son clásicas las quejas del organismo nacional al referirse a algunos problemas planteados por el Interior; por ejemplo, que los intentos de responder a normas regionales han fracasado en general por falta de acuerdo entre los componentes de la región. También se escuchan criterios según los cuales las diferencias provinciales no son tan extremas como para pensar en respuesta a "tipos diversos".

Sin embargo, se podría observar que la problemática

del hábitat, considerada biológica y culturalmente en la Provincias Argentina, plantea condiciones que exigen un enfoque que atienda a resolverlo no sólo numérica e intelectualmente, sino también emocionalmente. De manera que parece ser muy necesario definir una mejor comunicación que permita elevar la eficiencia operativa y sus resultados, atendiendo a todas las propuestas en tal sentido. Ya los Institutos Provinciales de Vivienda, agrupados en N.O.A (Noroeste Argentino), N.E.A (Noreste Argentino) y Córdoba, han iniciado acciones tendientes a la constitución de un Consejo Federal de la Vivienda, cuyo objetivo principal sería el de " coordinar inquietudes provinciales y colaborar con la Subsecretaría en la resolución de problemas comunes".

A continuación se expone un apunte sintético de las más destacadas normas legales dictadas en cada período y que han configurado distintas políticas referidas al tema de la vivienda y el desarrollo urbano desde principios de siglo.
De ellas se puede inferir cuándo ha habido avances, frenos o retrocesos en la función que el Estado ha ido paulatinamente asumiendo para abordar el problema. La comparación de cada política activada por estas leyes y decretos con el número de viviendas construidas como su resultado lógico, permitirá extraer conclusiones más exactas para su evaluación.

1904 Manuel Quintana
Ley 4.824 14-10-05
Ley de Casas Baratas (Municipalidad Ciudad de Buenos Aires).

1910 Roque Sáenz Peña
Ley 8.172 7-9-11
Banco Hipotecario Nacional, Carta Orgánica, Art. 2º, préstamos para construcción.

1914 Victorino de la Plaza
Ley 9.677 5-10-15
Creación Comisión Nacional de Casas Baratas.

1916 Hipólito Yrigoyen
Ley 10.358
Incrementa impuesto al hipódromo para Casas Baratas.
Préstamos para obras sanitarias.
Ley 10.676
Aclara Ley 8.172 préstamos preferenciales para empleados nacionales y vivienda obrera.
Primeras leyes de suspensión de desalojos y congelamiento de alquileres.

1922 Marcelo T. de Alvear
Disminuye la amortización acumulativa para devolución del Plan de Casas Baratas.

1928   Hipólito Yrigoyen

1930 José Félix Uriburu
(de facto)

1932 Agustín P. Justo
Leyes 11.730 y 12.310
Moratorias para deudores del Banco Hipotecario Nacional.

1938 Roberto M. Ortiz

1942 Ramón 5. Castillo
Ley 12.584 10-39
Subvención para el 1er. Congreso Panamericano de Vivienda Popular en Buenos Aires.
Plan de construcción viviendas temporarias para familias indigentes afectadas por temporales e inundaciones en 1940; luego serán transferidas a la Comisión Nacional de Casas Baratas.

1943 Arturo Rawson - Pedro P. Ramírez (de facto)

1944 Edelmiro J. Farell
(de facto)
Todos Decretos. Luego de una serie de medidas relativas a: Plan de Construcción de Viviendas Económicas, Sociedades de Ahorro para la Vivienda Familiar, Planificación de la Urbanización de la Ciudad (Primer Código de Edificación de la Ciudad de Bs. As), la Subsecretaría de Trabajo y Previsión reemplaza a la Comisión de Casas Baratas.
Se crea el Consejo Nacional de la Vivienda, la Administración Nacional de la Vivienda como entidad autárquica y el Fondo Nacional de la Vivienda con varios recursos para los fondos.
La Caja Nacional de Ahorro Postal puede conceder préstamos para vivienda; objetivo: pequeños ahorristas.
17 Decretos sobre locaciones:

1946 Juan Domingo Perón
Primer período de 1946 a 1951
Hay 13 leyes referentes a locaciones: prórroga de alquileres y suspensiones de juicios de desalojos.
Ley 13.512 / 13-10-48
Ley de Propiedad Horizontal: se incorpora al Código Civil.
Se modifica la carta orgánica del Banco Hipotecario Nacional determinando que será la única entidad autorizada a otorgar créditos con garantía hipotecaria.

Hasta la Administración Nacional de la Vivienda pasa a depender del Banco (1947).

La Administración Nacional de la Vivienda llamó a concurso para Viviendas Económicas pero lo declaró desierto (abierto a empresas nacionales y extranjeras), estableciendo luego que todas las obras a cargo del Poder Ejecutivo entran en jurisdicción del BHN cualquiera sean los créditos que las financien. Se otorgan:

1º) $ 28.000.00 para Plan de Obras (Administración Nacional de la Vivienda).

2º) Facilidades para préstamos BHN (100 %, $ 30.000) a 30 años para edificar o ampliar hasta 2 plantas en espacios libres.

3º) $ 100.000.000 para construcción de viviendas populares, autorizando al Ministerio de Obras Públicas a expropiar y tomar posesión de las tierras necesarias.

Durante 1948 aparecen varios decretos destinados a dar facilidades para la industria de la construcción, liberando derechos de importación de materiales y autorizando radicación de empresas e industrias de la construcción. Se destinan $ 10.000.000 para viviendas en Entre Ríos.

Se expropia el Bañado de Flores: se incluye su urbanización en el Plan de Gobierno.

En este período hubo varios Decretos referidos a locaciones, interviniendo la Cámara de Alquileres, controlando el agio y la especulación con la vivienda.

1952 Juan Domingo Perón

Segundo Período:
Sigue el paquete reglamentario de locaciones con el mismo sentido.
Ley 14.184 / 29-12-52
Segundo Plan Quinquenal - Cap.

VII: Vivienda. Objetivos generales: Fundamental: asegurar a cada habitante la posesión de vivienda propia.
Define prioritaria la Función Social de la Vivienda.
Habla de Planes Reguladores y Urbanización.
Crea el Instituto de la Vivienda.
Estímulo del Ahorro destinado a la vivienda.
Menciona la Distribución Geográfica Racional.
Prioridad a trabajadores: Cooperativas y entidades civiles sin fines de lucro.
Especiales: Aumentar 150 % el número de viviendas (300.000 viviendas prevé el plan).

1955 Eduardo Lonardi
(de facto)
Pedro E. Aramburu
(de facto)
Dto. Ley 356 5-10-55
Deroga la Ley 14.184 (del 2º Plan Quinquenal).
Dto. 7.756 26-4-5
Se refiere a Planeamiento: Establece la orientación del Gobierno en materia económica; en el Cap. VII referente a vivienda enuncia que sólo se podrá atender al déficit a partir del crecimiento del ahorro nacional.
Establece criterios para el aumento de productividad en la construcción, promoviendo nuevos procedimientos y revisando la Ley de Alquileres para que no se desaliente a la construcción.
Dto. 6.404/55
Anteriormente, por decretos, se creaba la Comisión Nacional de la Vivienda, con representantes de diversos organismos afines al tema, recibiendo la orden de preparar en 60 días: Plan de Emergencia, 180 días: Plan Integral.
La preparación de este plan es

motivo de prórroga por Decreto, un año largo después.

También crea la Dirección General de la Vivienda para Capital Federal y Gran Buenos Aires, dependiendo de la Secretaría General de la Presidencia de la Nación y la Comisión Asesora de obras urbanas, para entender en un proyecto de Ley sobre infraestructura y servicios a cargo de los municipios (pavimento, agua potable. desagües. urbanismo en lo referente a loteos).

Dto. 15.253 22-8-56

Autoriza al BHN a continuar la expropiación del Bañado de Flores realizando el Plan de Construcción con los Fondos que al efecto le suministre el Banco Central.

Dto. 1.422 7-2-58

Autoriza a Ferrocarriles Argentinos la venta de terrenos de Casa Amarilla a la Cooperativa de Vivienda, Crédito y Consumo Casa Amarilla encargando a la Municipalidad de la Ciudad. de Bs. As. el plan de obras y al BHN el plan de crédito y las escrituras.

Dos aspectos de la situación vigente al momento del cambio de gobierno motivaron una preocupación especial de las autoridades en este período: el sistema de adjudicación de las viviendas construidas por el Estado, y la relación entre propietarios e inquilinos.

Se dictaron decretos estableciendo prioridades para la adjudicación en función de la gravedad de las necesidades: siniestros, villas miserias, desalojados, etc.

También sobre locaciones actuando sobre la ley de alquileres, tendiendo a evitar el desequilibrio que se estimaba la legislación habría producido en desmedro del propietario,

1958 Arturo Frondizi

Este período se caracteriza por la legislación tendiente a crear estructuras de planificación: el Decreto 7.200 (23-8-61) crea el Consejo Nacional de Desarrollo, dependiente de la Presidencia de la Nación con la función de definir objetivos a largo plazo con planes intermedios para el proceso de desarrollo de la Nación.

Se encargará de las estadísticas y los planes, su promoción y evaluación. Previamente se había dado estructura orgánica a la Dirección Nacional de Arquitectura, de la Secretaría de Obras Públicas, para intervenir en todo lo referente a edificios públicos o en obras particulares concebidas o autorizadas por la Nación (Dto. 3.342/59) y se había ordenado un plan de construcción de viviendas para formación de nuevos barrios o ampliación de los existentes con aporte del trabajo personal y pago del valor de la tierra, la urbanización, los materiales, equipos y dirección (Dto. 16.201/59).

Dto. 396 13-1-61

Crea el Fondo Federal para la Vivienda, manejado por el Banco Central, integrado con recursos asignados por presupuesto anual, valor de propiedades del estado, préstamos de bancos o entidades oficiales y convenios con las Provincias. La creación de la Administración Federal de la Vivienda, dependiente del Ministerio de Economía (Dto. 6.122 del 21-7-61) con un Consejo Federal de la Vivienda y un crédito de 500 millones para la cuenta especial, determina que es el organismo para definir la Política Nacional de Vivienda en forma integral, considerando planes y normas con las provincias.

Entre sus objetivos está el Fomento de las entidades de Ahorro y Préstamo para la materia, con la obligación de proyectar un Sistema Federal de Ahorro y Préstamo y reglar la acción con sindicatos, cooperativas y sociedades para la construcción de viviendas.

Dto. 8.893 5-10-61

Aprueba el Programa de Financiación a largo plazo de los planes aprobados por la Administración Federal de la Vivienda, autorizando la emisión de bonos por el Banco Central (Dto. 9.162 dei 11-10-61) hasta 1.500 millones en títulos, para atender a estos planes.

Resultado de estos programas, son los decretos de aprobación de contratos de vivienda para el personal ferroviario y del contrato entre el Ministerio de Obras y Servicios Públicos y las Empresas Covifarm, etc., para la construcción de 4.000 viviendas de 1, 2 y 3 dormitorios con centros y dependencias comerciales, con plazo de obras de 30 meses. El Ministerio de Obras y Servicios Públicos financia el 75 0/o.

Es notorio que los planes en general tienden a la canalización del uso del ahorro para la vivienda con apoyo indirecto del Estado en la financiación de las mismas. (No hay obras de acción directa del Estado.)

El tema de las locaciones fue objeto de seis leyes y varios decretos que establecen prórroga, paralizaciones de juicios de desalojo, normas y reorganizaciones de controles y jurisdicción, hasta que por Dto. 2.073/62, las funciones de la Cámara de Alquileres de la Capital Federal se transfieren a la Municipalidad de la Ciudad de Bs. As.

1962 Luis M. Guido

Caracterizado por la reorganización en la asignación de funciones dadas a los organismos creados en el período anterior, anulando algunos.

Dtos. 6.337, 7.777, 9.208 / 1962

Especifican funciones del CONADE, determinando que el Presidente dará las directivas para el Planeamiento y la Promoción del Desarrollo. El organismo realizará los estudios y dará el asesoramiento para el plan general de obras, trabajos públicos e inversiones patrimoniales, fijará las prioridades y las proporciones entre materiales nacionales e importados y los sistemas de financiación. Se aprueba un convenio al efecto (29-6-62) con el BID (Banco Interamericano de Desarrollo).

Dto. 13.314 1962

Reorganiza la acción del Estado en materia de vivienda estableciendo que:

a) La política de vivienda, su promoción y coordinación, a cargo del Consejo Federal de la Vivienda.

b) Control y supervisión a cargo de la Administración Federal de la Vivienda.

c) Organismo ejecutor, el Banco Hipotecario Nacional (inmediatamente autorizado a aceptar un préstamo del BID con destino a la construcción de viviendas).

Poco tiempo después disuelve el Consejo Federal de la Vivienda, quedando en manos del BHN la formulación de planes, en coordinación directa con el CONADE (Dto. Ley 1.141/63).

Decretos posteriores reorganizan la Administración Federal de la Vivienda, creando la Superintendencia de Ahorro y Préstamo que concluye (Dto. Ley 9.001/ 63) con la creación de la Caja Federal de Ahorro y Préstamo para la Vivienda destinada a estimular la inversión de capitales, desarrollar y prestar asistencia técnica y asesoramiento económico-financiero a entidades de Ahorro y Préstamo para la Vivienda. El Dto. 6.707/63 ya garantizaba inversiones extranjeras, referidas a construcciones de viviendas que se realizaron con intervención de bancos oficiales y organismos internacionales.

En vivienda de interés social, se destaca la exención de todo impuesto a la vivienda calificada como económica de acuerdo a las normas del BHN y se transfieren a la Municipalidad de la Ciudad de Buenos Aires y a las provincias las viviendas metálicas (se refiere al sistema constructivo) con destino a la erradicación de villas de emergencia.

En lo referente a locaciones, apenas iniciado el período, el 4-5-62 (Dto. 3.941) se deja sin vigencia una disposición anterior manteniendo la Cámara de Alquileres en funciones.

1963 Arturo Illia

Dto. Ley 566 24-10-64
Aprueba la estructura y reglamentación interna del CONADE, reestructuración ordenada por Dto. Ley 8.715 del 3-10-63.
La legislación indica atención al crítico problema de las "villas miserias", dado que se constituye la Comisión Coordinadora para Erradicación de Villas de Emergencia, se autoriza a la Provincia de Bs. As. para aplicar fondos de la Nación a la reconstrucción en la Ribera de viviendas en zonas afectadas por inundaciones y se crea el Departamento de la Vivienda en el Ministerio de Obras

Públicas, con el objeto de atender la planificación, el proyecto y la ejecución de viviendas destinadas a erradicar las villas mencionadas.
Ley 16.601 24-11-64 (PEVE)
Ordena un Plan de Construcción de Viviendas para Erradicación de Villas de Emergencia, de Orden Nacional, fijando normas para las viviendas (definiendo su carácter) y los tipos de préstamos a otorgar. Finalmente se da un paso organizativo de gran trascendencia posterior para la acción del estado en la materia creando por:
Ley 16.765 26-4-65
La Secretaría de Estado de Vivienda, en el Ministerio de Economía. Con la función de Planificación del tema a escala Nacional, Urbana y Rural, estudiar planes para la demanda crítica, coordinando los entes de escala nacional, provincial y municipal a los efectos de las tareas de Vivienda y Planeamiento Urbano. Se refiere al estudio de normas de construcción y habitabilidad para las diversas áreas del país, cubriendo en su programación los problemas de infraestructura y equipamiento.
Establece la necesidad de evaluar la realidad socioeconómica del territorio nacional en relación al problema habitacional, canalizar el ahorro popular controlado en tal sentido, fomentando la acción de las cooperativas y organizaciones sindicales.
Comisión honoraria para control y aprobación de los planes.
La organización de esta Secretaría es aprobada por Dto. 3.992 del 31-5-66.
Ley 16.824: Confirma la creación de la Caja Federal de Ahorro y Préstamo para la Vivienda.

Positiva reactivación del BHN, nuevos planes de Ahorro y Préstamo para la Vivienda y planes para quienes no tienen acceso directo: programa de 10.000 viviendas.

1966 Juan C. Onganía
(de facto)

Período con numerosas leyes y decretos referentes al planeamiento general dc la Nación y al sector específico de vivienda, dando nuevas estructuras a los organismos creados en el período anterior, puntualizando responsabilidades sectoriales y originando algunos planes que se continuarán en períodos posteriores.

Relativos al Planeamiento general, se instituye el Sistema de Planeamiento y Acción para el Desarrollo Ley 16.964 (30-9-66) que, definiendo la acción del CONADE (Consejo Nacional de Desarrollo) coordinará con el CONASE (Consejo Nacional de Seguridad) el Plan General de Desarrollo y Seguridad, con la incorporación del CFI (Consejo Federal de Inversiones).

Dto. 1.907 / 1967

Establece que las oficinas sectoriales de Desarrollo se corresponden; ejemplo: vivienda, con la Secretaría de Estado de Vivienda, y finalmente cada oficina sectorial del CONADE pasa a depender directamente de la Secretaría de Estado correspondiente (Dto. 853/69). Así, a Secretaría de Vivienda le corresponde el planeamiento general del sector, el manejo de los instrumentos de acción concreta y la estructura de información necesaria para sus funciones. Previamente, se ha incorporado al sistema el Consejo Nacional de Ciencia y Técnica, CONACYT, creado por Ley 18.020 (24-12-68).

Referente al organismo Secretaría de Vivienda, se confirma inicialmente su estructura anterior estableciendo según Dto. 2.870/66 que el BHN funcionará en su ámbito, así como la Caja Federal de Ahorro y Préstamo para la Vivienda, supervisados por el Ministerio de Economía.

Pero la Ley de Ministerios 16.956 (23-9-66) finalmente incorpora la Secretaría de Vivienda, junto con las de Promoción y Asistencia de la Comunidad y la de Salud Pública, al Ministerio de Bienestar Social, incorporándole por Dto. 3.312/66 una Subsecretaría de Vivienda para asistencia especializada.

Por Ley 17.101 del 30-12-68 y su Dto. 5.235/66, se modifica la Ley 16.765 reemplazando su art. 39 por un sistema de operar detallado que en lo referente a la programación de planes habitacionales da origen a un Plan Federal de la Vivienda. La estructura de la Secretaría queda integrada por: 1)Consejo Financiero, 2)Comisión Honoraria de Planeamiento y las Direcciones Generales, 3) Planeamiento, 4) De Análisis y Evaluación de Resultados, 5) Asuntos Financieros, Promoción y Asignación de Recursos, 6) Tecnología, 7) Asuntos Jurídicos, 8) Coordinación, 9) Despacho. Posteriormente se suprime el Departamento Técnico y se incorpora la Oficina Sectorial de Desarrollo. La Ley 17.672 establece que el Secretario de Vivienda podrá ejercer la presidencia del Banco Hipotecario Nacional.

Ley 17.605 29-12-67

Ordena un Plan de Construcción de Viviendas para Erradicación de Villas situadas en Capital

Federal y Gran Buenos Aires afectadas por inundaciones, en doble acción:
. Alojamientos transitorios (8.000 viviendas en terrenos públicos).
. Alojamientos definitivos. Para erradicación, extendido a otras zonas del país, dando créditos para construir a familias de pocos recursos.
La Ley de Ministerios 18.416 del 20-10-69 establece claramente como competencia de la Secretaría de Estado de Vivienda: ejecutar la política de la Nación, programar los planes habitacionales de demanda crítica, coordinar la acción del Ejecutivo Nacional, las provincias y los municipios en lo referente a los Planes de Vivienda y al Desarrollo Urbano.
Ley 17.152 / 14-2-67
Comisión Coordinadora de Obras entre la Municipalidad de la Ciudad de Buenos Aires y el BID para el Parque Almirante Brown y Ciudad Gral. Belgrano (ex Evita).
Ley 17.155 17-2-67
Creación de la Comisión Municipal de la Vivienda.
Dto. 2.478 / 9-6-68
La Secretaría de Estado de Vivienda asigna fracción en el Partido de Matanza para construcción PEVE.
Ley 18.400 10-10-69
Transfiere Reparación, Mantenimiento y Conservación de las viviendas transitorias del Plan de Villas de Emergencia a la Provincia de Buenos Aires y a la Municipalidad de la Ciudad de Buenos Aires.

1970 Roberto Levingston
(de facto)
Se restituye la autarquía del Banco Hipotecario Nacional

poniendo en vigencia el inc. "D" del Art. 4 del Dto.Ley 13.128/57.

1971 Alejandro A. Lanusse
(de facto)
Ley 19.103 30-6-71 "de Ministerios". Vivienda pasa a ser Subsecretaría del Ministerio de Bienestar Social.
Se crea la Secretaría de Planeamiento y Acción de Gobierno, directamente dependiente de la Presidencia de la Nación, organismo centralizado, asesor del CONADE, CONASE y CONACYT (Ley 1.927 del 29-9-71).
Su estructura orgánica con 4 Subsecretarías: Desarrollo, Seguridad, Ciencia y Técnica, Coordinación, se aprueba por Dto. 4.391/71. Durante este período se continúan acciones encaradas en gobiernos anteriores en lo relativo a planes de erradicación de villas de emergencia, reglando adjudicaciones de viviendas construidas, expropiaciones o cesiones de terrenos para la construcción de nuevas, como asimismo sobre formulación de planes:
Ley 19.398 / 28-12-71
Expropiación de terrenos en Capital Federal para realojamiento de Villas de Emergencia.
Ley 19.453 / 24-1-72
Normas para la adjudicación de viviendas de alojamiento definitivo construidas de acuerdo a Ley 17.605 y Dto. Regl. 3.472/72.
Dto. 7.008 / 1972
Declaración de sujetos a expropiación a varias fracciones de terrenos afectados al PEVE.
Ley 19.819
Donación al Estado Nacional de las tierras de la Municipalidad de la Ciudad de Bs. As. denominadas Soldati (Parque Alte. Brown) para la construcción PEVE destinada al realojamiento de una vi-

lla de emergencia.

Dto. 1.655 / 1-3-73

Aprobación de bases para concursos de proyecto y construcción con precio único correspondientes al Plan de Promoción Social, Construcción y Viviendas dispuestas por Ley 17.605.

Dto. 19.693 / 1972

Venta de terrenos en San Luis al Instituto Provincial de la Vivienda con destino a la Construcción de viviendas económicas.

Dto. 2.044 / 1973

Declara sujetos a expropiación los terrenos en el Partido de Lanús para emplazamiento de viviendas definitivas según Ley 17.605. También se desarrolla un plan destinado a otro nivel socioeconómico:

Dto. 4.515 / 6-10-71

La Dirección General de Préstamos con garantía real otorga hasta el 90 0/o de la tasación de las categorías 1 y 2 de las viviendas del Plan VEA (Viviendas Económicas Argentinas).

Dto. 161 14-1-72

Venta de terrenos del Estado: numerosas reservas de tierra para construir Planes VEA. Normas de Hipotecas del BHN para Cooperativas, Sindicatos o entidades similares.

Las acciones destinadas a promover la construcción de viviendas se reflejan en medidas de reducciones a los impuestos para estos tipos de inversiones y a las ventas de elementos premoldeados de hormigón para estas construcciones.

Ley 19.365 16-12-71

Habla del Fondo de Ahorro para la participación en el desarrollo nacional.

Ley 19.876 6-10-72

Establece un gravamen sobre la venta del ganado vacuno con destino a un Fondo para Vivienda.

Ley 19.929 30-11-72

Crea el Fondo Nacional de la Vivienda con recursos de Leyes No. 19.876 y 19.986, pero especialmente el que grava con el 2,5 % a este efecto las remuneraciones a cargo del empleador iniciándose así una cartera permanente para destinar a Políticas del Estado en acciones de vivienda.

1973 Héctor J. Cámpora
Raúl Lastiri
Juan Domingo Perón
1974 María E. M. de Perón

Dto. 941 30-8-73

Integra el Consejo Asesor Permanente del FONAVI.

Dto. 339 20-11-73

Ministerio de Bienestar Social Creación de Secretarías de Estado. Establece competencias de la Secretaría de Vivienda y Urbanismo.

En el discurso de asunción (25 de mayo de 1973) el presidente Cámpora se refiere específicamente al tema de la vivienda de interés social y define la intención del Estado de accionar específicamente en la materia como asunto de primera prioridad para el Gobierno. También se presentan a la Cámara de Senadores (27-6-73) dos proyectos referidos al tema de política habitacional:

a) Proyecto de Ley Integral de la Vivienda.

b) Proyecto de Ley de Urbanismo y Uso del Suelo.

En el mes de junio se eleva al Congreso Nacional el proyecto de creación del Instituto Nacional de la Vivienda de Interés Social como entidad autárquica del Gobierno Nacional, destinado a formular y desarrollar los programas de viviendas dirigidos a grupos de familias de bajos ingresos. Se enuncia un programa de ejecución de 500.000 viviendas, inicialmente para 2 años y después de la asunción de la presidencia de la República por el Gral. J. D. Perón, como parte del Plan Trienal (1974-1977) estableciendo que las cuotas de pago no excederán el 20 % del ingreso del beneficiario. El Plan contempla también dar solución a las necesidades apremiantes de los pobladores de villas de emergencia, referidas especialmente a carencia de infraestructura y servicios mínimos. Se definen 3 Planes:

a) Plan Eva Perón: para vivienda única individual de propietarios de lotes con su infraestructura mínima, optando por un proyecto de los prototipos definidos por el Plan. Entre 1973 y 1977 se escrituraron 68.000 viviendas.

b) Operatoria 17 de Octubre: continuación del PLAN VEA para viviendas agrupadas, individuales y/o colectivas, mediante préstamos a entidades sin fines de lucro: Sindicatos, Cooperativas, Consorcios, etc.

c) Plan Alborada: continuación de los planes para erradicación de villas de emergencia.

Se establecen las competencias de la Secretaría de Estado del Ministerio de Bienestar Social (Dec. 339/73 del 20-11-73) determinando la que corresponde a la Secretaría de Estado de Vivienda y Urbanismo (SEVU). El 10 de octubre de 1974 se realiza el Simposio sobre Habitabilidad organizado por la Secretaría de Estado de Vivienda.

Durante este período se da a conocer un proyecto de Código de Planeamiento Urbano para la Ciudad de Buenos Aires "como resultado de una larga y eficaz gestión de planificadores argentinos, con la intención de ordenar el desarrollo urbano de la ciudad más grande de la República y corregir las deficiencias de habitabilidad del Código de Edificación vigente". (Rev. Summa Nº 61). Se genera un movimiento de divulgación de los medios profesionales acerca de las necesidades y posibilidades de las tareas de planificación y organización del espacio urbano a escala nacional (Rev. Summa Nº 74-75).

1976 Junta Militar:
Jorge R. Videla
(de facto)

El 23 de mayo de 1977 se sanciona la Ley N9 21.581, llamada Ley FONAVI (Fondo Nacional de la Vivienda) que modifica la anterior Ley 19.929/72. Los considerandos reconocen una sostenida tendencia al crecimiento del déficit habitacional (aumento de población en 15 años: 25 %, aumento del déficit de vivienda: 60 %). Parte de la necesidad de atender a los sectores de recursos medio-bajos y bajos, en función del deterioro de la situación económica-financiera general.

Procura articular los mecanismos específicos a cargo del tratamiento del problema. Establece que la Secretaría de Desarrollo Urbano y Vivienda dependiente del Ministerio de Acción Social, será la encargada de la planificación general y la distribución de recursos, fijación de normas generales y particulares, técnicas y administrativas. La responsabilidad operativa se descentraliza, transfiriéndola a los respectivos organismos de Vivienda Provinciales. Estos tendrán a su cargo la ejecución y administración de los distintos programas. Los recursos a disponer se duplican prácticamente con relación a la Ley anterior, aumentando la contribución al 5 % sobre las remuneraciones y el 20 % de los aportes de trabajadores autónomos, como los fondos más importantes. Postula que los gobiernos responsables de cada jurisdicción asuman la obligación de reintegrar al FONAVI los importes que correspondan en concepto de amortización garantida con la afectación de sus impuestos federales.

La Ley contempla el destino de los fondos para la construcción de viviendas para familias de recursos insuficientes (plazos hasta 30 años), la ejecución de obras de urbanización, infraestructura, servicios, equipamiento comunitario y obras complementarias, la contratación de servicios técnicos y profesionales para el desarrollo de los planes y el fomento y la participación en programas de investigación.

En este período cambian su denominación los planes en ejecución: Ex VEA-17 de Octubre, se denomina Plan 25 de Mayo; Ex V.I.S.-Plan Eva Perón, se denomina Islas Malvinas.

Por Resolución del Banco Hipotecario Nacional y de la Secretaría de Vivienda de fecha 8 de junio de 1976, se dispone la suspensión del financiamiento de estos planes, sumados al Plan Alborada, quedando paralizados los trámites y construcción de aproximadamente 190.000 viviendas. Estos planes serán posteriormente absorbidos por la Secretaría de Desarrollo Urbano y Vivienda, en uso y aplicación del FONAVI, que ingresando desde junio de 1977 comienza a producir viviendas a fines del mismo año. Se modifica la Ley 21.581 en lo relativo a las contribuciones (Ley 22.293 del 1-10-80) ordenando que fondos equivalentes provengan del Impuesto al Valor Agregado (IVA). El monto equivale al 47,73 % de la recaudación mensual en concepto de los aportes personales de asalariados. En enero de 1981 se reduce el coeficiente de recaudación al 20,77 % . En enero de 1982 se eleva dicho valor al 36 % y en marzo del mismo año se vuelve al 47,73 %. Las medidas económicas financieras de este período establecieron, a partir del 1º de junio de 1977, que el Banco Central de la República Argentina renuncia a su obligación de controlar las tasas de los préstamos de bancos y financieras y los plazos de depósitos que generan estos préstamos, quedando así el crédito librado al mercado del dinero, en general vinculado directamente a la tasa de inflación.

El Banco Hipotecario Nacional al quedar encuadrado en este régimen bancario aplica tasas e indexación según la Circular 1050, entre otras, que derivan en infinidad de pleitos porque las cuotas resultantes se tornan inaccesibles para los prestatarios constituyendo esta situación el inconveniente principal para los recuperos previstos por el FONAVI.

El 28 de febrero de 1978 fue aprobado el nuevo Código de Planeamiento Urbano para la Ciudad de Buenos Aires, acompañado posteriormente por el régimen de expropiaciones para la apertura de la red de autopistas contenida en el mismo.

1981   Roberto E. Viola
(de facto)
La Ley de Ministerios Nº 22.450

(27-3-81) establece que la Secretaría de Estado de Desarrollo Urbano y Vivienda con dos Subsecretarios pasa a constituirse en Subsecretaría con 2 cargos de asesores dependiendo del Ministerio de Acción Social.

El Art. 29 (14 a 17) establece la competencia del Ministerio para entender en la elaboración y ejecución de programas de viviendas destinadas a los sectores de menores recursos, promover las inversiones en el Consejo de la Vivienda, entender en la coordinación y fiscalización de las ejecuciones de la Nación, las Provincias y los Municipios en lo relativo a planes de vivienda y planeamiento urbano, de acuerdo con el régimen de asentamientos humanos que establezca la política de ordenamiento territorial y entender en la conducción del Banco Hipotecario Nacional.

Corolario

El contenido y la síntesis histórica de normas y leyes que incluimos en este primer apéndice integran el capítulo *Anexo 1 : Síntesis política y jurídica* en el libro *Desarrollo Urbano y Vivienda, introducción al estudio de la acción del estado,* que se menciona en Notas, 1 (pág. 83).

El trabajo de investigación expuesto en ese libro dio origen - como resultado de experiencias en las obras observadas - a la adopción de premisas que trataron de corregir aquellos aspectos que fueron causa de conflictos.
Algunas de estas premisas se aplicaron en las obras del Plan de Vivienda de 1984 (ver págs. 40 a 68).

Pero tal vez lo más destacable fue la posibilidad de observar los lamentables efectos de falencias operativas, producto de una actividad de diseño sometida a severas desviaciones culturales. Por ello resultó de nuestro interés generar un programa que apuntara a la corrección crítica de esas desviaciones.
Lo esencial del programa, desarrolllado en el ámbito académico pero con carácter operativo y de investigación, consiste en la consideración de la arquitectura como actividad creativa fuertemente condicionada por su naturaleza de instrumento biológico.
Instrumento para la concreción de espacios habitables destinados al desarrollo integral de la vida del hombre, lo denominamos Programa Helios - recordando al maestro Wladimiro Acosta - por estar inspirado en la esencia de su pensamiento sobre la arquitectura.
Los principales conceptos del programa se desarrollan en el apéndice siguiente.

APÉNDICE 2

Arquitectura y Sociedad
La arquitectura como instrumento biológico (*)

El sostenido avance tecnológico registrado en la segunda mitad del siglo XX - que asume las características de vertiginoso en los últimos veinte años - ha producido un profundo cambio en las pautas culturales, que afecta hasta los actos más comunes y corrientes de la vida cotidiana. Ese siglo, que comienza pleno de expectativas puestas en modelos que aspiran a la expansión de los beneficios derivados de las mejores posibilidades humanas en el manejo de los instrumentos técnicos, llega a su fin poniendo en duda todos los valores que movilizaron a generaciones enteras para hacer realidad esas expectativas.

A partir de la revolución industrial, el contrapunto entre sus efectos positivos y negativos fue generando un modelo (casi con el carácter de anticuerpo) que se distingue en especial por su contenido humanista y social. Se consolida hacia fines del siglo XIX en lo que podemos reconocer como cultura occidental, con una fuerza tal que impregna los contenidos de las estructuras legales y, muy particularmente, los contenidos y conductas que regulan los principios educativos.
En esos principios se forman y desarrollan los valores que sustentan el llamado Proyecto Moderno.
Proyecto de vida fundado en derechos del ser humano, con deberes de respeto hacia sus semejantes y principios solidarios que determinan la consolidación de lo que se denomina Sistema Democrático como aspiración máxima y casi excluyente de organización social.

A lo largo del siglo, esos valores no aparecen suficientemente consolidados como para regir las pautas del acelerado desarrollo tecnológico; muy por el contrario, frecuentemente entran en colisión . Prueba de ello son el desenfrenado crecimiento armamentista y la destrucción casi sistemática de la naturaleza, entre otros síntomas perversos. Las razones que alimentan este desagradable panorama regresivo son complejas y variadas, se han convertido en el desvelo de filósofos, sociólogos y políticos y, nuevamente como anticuerpos, generado numerosas organizaciones que podemos reconocer como centros aislados de "resistencia" a tal estado de cosas.

No resulta difícil observar que los contenidos humanistas y sociales son sustituidos, o más precisamente, avasallados, por los valores de la economía, transformando esta subsidiaria actividad humana en el "ser esencial" que desenfadada o embozadamente, según convenga, justifica estos cambios de valores.

Hace ya bastante tiempo que los más importantes analistas sociales han vislumbrado que el desarrollo y avance de las ciencias generaba la posibilidad de aliviar el trabajo humano en los aspectos más conflictivos y degradantes que la producción contenía. La idea que describía con mayor poder la visión del futuro, veía en el reemplazo de la fábrica por los centros del conocimiento un venturoso porvenir. Sin embargo, las pautas del modelo economicista no parecen acompañar en los resultados este optimismo.

En lo referente al trabajo humano, las posibilidades de producción mecanizada o computarizada han producido, no una mayor disponibilidad de tiempo libre, sino el flagelo de la desocupación, y por ende , el aumento de la pobreza. Y los centros del conocimiento no han encontrado el camino para consolidarse como el reemplazo de la fábrica; si bien es cierto que éstas, como alojamiento de tarea humana, efectivamente desaparecen. Parece evidente que los formidables avances en las posibilidades de producir no han sido acompañados por un desarrollo equivalente en lo educativo para absorber esas posibilidades, generando una cultura fragmentaria, caracterizada como disléxica.

106

Por ello el reemplazo de valores produce, en todas las actividades, tremendos conflictos de convivencia. Precisamente en aquellas donde la tecnología (materiales y productos) requieren trabajo humano (mano de obra) para obtener el producto final, resulta notable el pernicioso efecto de esa cultura fragmentaria.

Tal es el caso de la construcción. La desaparición de mano de obra calificada (albañiles, carpinteros, etc.) tan conflictiva para los operadores del área, no es accidental, sino una clara consecuencia de la gradual desvalorización de la manualidad. Aquí se requiere una incentivación del conocimiento para operar en la búsqueda del equilibrio de esa cultura, y por esta consideración es lógico deducir que el campo de ese conocimiento compete a la arquitectura, como actividad que engloba diseño y construcción sólidamente vinculados.

La formación de profesionales idóneos para operar en este sistema en crisis de cambio cobra por ello una importancia estratégica de trascendencia, siendo la Universidad el centro de conocimientos a quien compete la responsabilidad de esa formación.

En la Facultad de Arquitectura, Diseño y Urbanismo de la Universidad de Buenos Aires, un equipo de profesionales docentes lleva a cabo un programa que desarrolla diversas actividades de investigación, formación y transferencia, basado en el análisis crítico guiado por contenidos éticos.
Trata de enfatizar un profundo respeto a las condiciones del hábitat humano, que fuera cabalmente expresada en los escritos, la docencia y las obras de Wladimiro Acosta. Este arquitecto argentino de origen ruso, intérprete y autor de los principios del Proyecto Moderno, caracterizó la vanguardia de ese pensamiento en toda una época de la Facultad en las décadas del 50 y 60.

Precisamente, en homenaje a la vigencia de sus ideas se ha tomado el nombre de su más significativa propuesta arquitectónica para caracterizar estas actividades, denominándolo "Progrma Helios: la arquitectura como instrumento biológico".

Está destinado a operar sobre el diseño y la investigación aplicada en arquitectura, desarrollando acciones de investigación, enseñanza, información y cooperación técnica con actividades afines. Enfatiza la concepción de la arquitectura como un instrumento biológico creado por el hombre para facilitar la habitabilidad humana. Considera por ello que las características tecnológicas o estéticas siempre estarán bajo el control de esa prioridad, que da su razón de existencia a la arquitectura y por consiguiente a la profesión de arquitecto. Aspira a desarrollar una adecuada síntesis entre las condiciones de uso, los recursos técnicos y la emergente espacial y morfológica que culmina la creatividad arquitectónica. La consideración atenta del lugar - su población, cultura y clima - plantea el análisis de los aspectos universales a la luz del concepto de región. Interpreta el concepto regionalista a través de su profundo contenido humanista y ético.

Nuestro país y Latinoamérica en general cuenta hoy con grupos aislados de profesionales y operadores del hábitat que intentan redescubrir pautas culturales y ambientales locales en su quehacer arquitectónico. Pero coexisten con una "cultura" generalizada que se expresa a través de modelos expuestos con criterio de universalidad. Su enorme difusión, considerándolos como productos de la denominada "vanguardia" profesional, resultan el paradigma para arquitectos y estudiantes marcando pautas apetecibles para su actividad. Estos modelos son generados en respuesta a las condiciones propias de países con amplios recursos económicos y resultan posibles por la disponibilidad de un avanzado desarrollo tecnológico que, al mismo tiempo, implica pautas de consumo sostenido para su pro-

108

ducción.

Las capacidades más positivas y distintivas de la profesión: creatividad y vocación estética, encuentran así un camino abierto para responder a la continua demanda de novedades de la actual sociedad de consumo. Pero resulta demasiado frecuente que la arquitectura generada según estos criterios de demanda entra en conflicto con su razón de existencia para la habitabilidad y más aún, con la delegación social que implica la tarea del arquitecto como operador responsable de la habitación del hombre.

Esta pérdida de valor de la razón existencial que transforma a la producción arquitectónica en puro objeto de mercado, resulta particularmente nefasta en países como el nuestro, en donde la mayoría de la sociedad requiere respuestas acordes con sus carencias básicas, allí donde la ausencia de condiciones para habitar según una mínima lógica humana es la característica dominante.

Las dificultades que encierra una propuesta para afrontar críticamente el modelo cultural dominante, requieren aunar esfuerzos intelectuales y materiales en tal sentido. De esta convicción surge el Programa Helios.

Es nuestra intención exponer gradualmente los diversos proyectos que forman parte del Programa con la finalidad de sumar el esfuerzo que realiza nuestro equipo : docentes y alumnos, a la tarea de los profesionales que desarrollan su actividad con convicciones similares.

(*) Texto de la presentación del Programa ante el Consejo Directivo de la Facultad de Arquitectura, Diseño y Urbanismo. Universidad de Buenos Aires. 1990.

El Programa HELIOS

El objetivo general del Programa Helios es producir las condiciones necesarias para el desarrollo de proyectos destinados a la promoción de ideas, acciones y productos que prioricen la consideración de la arquitectura como instrumento biológico para la habitabilidad humana, indicando direcciones de cambio en los aspectos de la cultura que participan en su concepción y construcción.

Propone actuar considerando especialmente a los sectores activos que intervienen en esa cultura, desde el mundo de las ideas hasta el campo operativo, a saber:
. Las profesiones específicas que insertan sus destrezas en áreas creativas y ejecutivas del hábitat humano.
. La industria que elabora los recursos técnicos, instrumentos esenciales para su producción.
. Los responsables de establecer las normas que posibilitan, promueven y regulan las acciones necesarias para cuidar la armonía entre los variados intereses que intervienen.
. Los medios de comunicación que permiten extender el conocimiento de problemáticas y propuestas de soluciones a la más amplia y variada composición de la sociedad.

Estos objetivos definen a Helios como programa sustancialmente pedagógico. Dadas las características abarcativas de tan distintas actuaciones sectoriales deberá ser necesariamente multidisciplinario.

Consideraciones fundantes

La habitabilidad del planeta presenta hoy problemas de magnitud y complejidad esencialmente superior a los afrontados hasta el presente. La necesidad de estudiar y proponer soluciones para resolverlos plantea un apasionante desafío a quienes operamos específicamente sobre esa habitabilidad.

110

El camino seguido en aras de la elevación del nivel de vida - la concepción del confort humano como un objetivo excluyente, en principio puramente hedonista - ha estado fundado en un optimismo exagerado en las posibilidades técnicas para modificar las condiciones ambientales, que no ha contemplado con equilibrio todos los factores intervinientes. Habría que analizar si el consumismo desmedido no ha sido responsable de hacer desviar el rumbo.

Este modo de operar, al generar un consumo exacerbado de los recursos energéticos naturales, produce el doble efecto de agotar esos recursos y alterar el sistema ecológico natural en forma incontrolada, ofreciendo un ambiente peligroso para la vida.

El avance científico y las aplicaciones tecnológicas generadas en el mundo desarrollado, aquél que configura desde hace tiempo un paradigma para el resto de la humanidad, ha operado en una dirección que, por sus efectos, ya ha causado múltiples alarmas, no sólo a sus científicos y operadores sino aún a quienes disfrutan de sus beneficios.

De los principios renovadores que el Movimiento Moderno elaborara en el primer cuarto de siglo y alcanzaran enorme difusión hasta ser reconocidos como casi universales hacia los años 50, fijaron su impronta decisiva aquellos que enfatizaban cierta soberbia humana y al mismo tiempo servían a intereses económicos por los caracteres que la organización social posibilitaba. Fue dable observar que, hasta las ideas que tenían un sentido definido como racionalista, en su aplicación concreta generaron situaciones de una irracionalidad casi insólita.

La concepción de edificios de piel de vidrio, que absorben la radiación solar, hasta el punto en que para ser habitables exigen la inyección de energía para producir el efecto opuesto en forma artificial, es uno entre tantos ejemplos de esa irracionalidad.

El desarrollo de materiales y sistemas nuevos, que paulatinamente fueron ampliando las posibilidades de producir soluciones más audaces, alentaron también posturas "contra natura". El ingeniero Atilio Gallo, Profesor de Diseño Estructural, por la década del '60, enseñaba en nuestra Facultad que con las posibilidades tecnológicas vigentes se podía soportar un peso que se vinculara con el suelo a 50 m de distancia; pero eso sí, la naturaleza "cobraba su precio".

Esta ampliación de las fronteras de lo posible fue recibida con beneplácito por la cultura que opera con las formas y el espacio, al ser interpretada como un libre camino para la imaginación. Ya muy lejos de normas como "lleno sobre lleno y vacío sobre vacío", la desaparición de fronteras materiales, que la tecnología abría - supuestamente - al pensamiento, permite enunciados como "cualquier forma y espacio puede ser convertido en arquitectura".

Detrás de esta nueva norma, el concepto de "sistema" aplicado no sólo a los métodos de construcción sino también a la vida social y humana, genera respuestas edilicias de polifuncionalidad que pronto también alcanzan el concepto de ubicuidad. Es decir, que pueden funcionar para variables destinos y que se pueden destinar a cualquier lugar.

La creciente difusión y fusión cultural entre puntos distantes del planeta, aspecto fundamental del presente mundo de la comunicación, pareció abonar esta dirección del pensamiento como "verdad universal ".

Sin embargo, las reacciones ante los peligros que involucra la problemática abordada, han tenido lugar por diferentes caminos, a cargo de distintos actores y con diferente incidencia en sus posibilidades de acción.

La reacción científica enfrenta los aspectos irracionales del problema y así aparece el campo del uso racional de la energía como un nuevo modelo de inserción de los estudios e investigaciones.

Casi al mismo tiempo, una apreciación que podemos caracterizar como más romántica, origina movimientos de opinión inscriptos en la defensa y el respeto de la naturaleza amenazada, caracterizados como ecologis-

112

tas. En el mundo de la vanguardia económica y tecnológica, el que se entiende corrientemente como "primer mundo", se generan acciones que no sólo cuestionan la actitud ante la naturaleza sino que alcanza a las conductas humanas y a las normas sociales vigentes. Tal vez la más importante de esas acciones se concreta en el movimiento hippie, que por su origen también es asimilado como modelo por otras comunidades.

La incorporación cultural al sistema mundial de países de menores recursos que los desarrollados, ese llamado mundo periférico o del subdesarrollo, incorpora también al debate un reclamo de contenido regionalista o naturalista, plantea en la búsqueda de los modelos vernáculos la contraparte de las ideas "universalistas" y hace su propuesta de respeto al ambiente.

Las ideas y actuaciones en esta dirección tampoco han estado ausentes en el campo de la arquitectura. Ya en la misma generación que desarrolla el Movimiento Moderno, algunos maestros más jóvenes como Alvar Aalto y Ralph Erskine y en la Argentina, Wladimiro Acosta y Eduardo Sacriste, fueron sentando principios en esa dirección. Hoy consideramos sus aportes como reacciones ante lo irracional, pero en su momento fueron fundamentalmente el resultado de posturas inteligentes y sensibles de profunda inspiración humana y adecuada apreciación de las posibilidades nuevas, pero al mismo tiempo con fuerte conciencia de la armonía del ambiente.

Aunque no tuvieron el peso necesario para desviar la corriente principal de la cultura arquitectónica marcaron una dirección que hoy estamos en condiciones de reivindicar como el camino adecuado.

La valoración de los caracteres formales de sus obras, han sido ensalzados o minimizados, en general, a partir de patrones que poco tenían que ver con su concepción intrínseca de respeto a la habitabilidad humana. Sus trabajos se generaban en la atención a las condicionantes culturales, tecnológicas y climáticas. La sutileza de un discurso que profundizaba un "raciona-

lismo humano", (valga la redundancia) ha sido puesta
en valor a la luz de los modelos que generaba la idea
del "todo se puede y de cualquier forma".
Han quedado sin explorar y desarrollar la concepción
bioclimática y las nociones de armonía con el ambiente, que marcaban una dirección esencial en la generación de la idea arquitectónica de estos maestros.
Su criterio bioambiental incorpora el concepto que
asigna un grado de valor preeminente a los aspectos
que hacen a la vida - por un lado - y a la preservación
del ambiente, por otro.
Nuestra concepción de la arquitectura como resultado
de una actividad humana creativa, pero fundamentalmente destinada a producir habitabilidad en el planeta,
nos induce a pensar que la tarea del arquitecto debe
estar fundada en los principios que marca esa caracte-
rización bio-ambiental. Esta concepción permitirá que
el campo científico que atiende las investigaciones
acerca del uso racional de la energía profundice su
tarea en aquello que nos interesaría fundar en el concepto de uso armonioso de la energía, habida cuenta
del histórico abuso a que el término "racional" ha sido
sometido.

La arquitectura se nos presenta entonces como la actividad a la que compete producir una síntesis entre lo
que hoy es objeto de investigaciones a partir de las
denominadas ciencias duras y la actividad creativa; a
través de ella se puede producir el camino de reflexión
y especulación en la concepción de la forma y definición del espacio que permita elaborar productos destinados a elevar la calidad de vida del ser humano en su
integridad, atendiendo aspectos sociológicos y tecnológicos, respetuosos del clima y la cultura del lugar y de
la comunidad donde se insertan.
Si la arquitectura se interpreta como la proyectación y
construcción de formas para albergar la vida humana,
resulta claro que consiste en segregar una porción aco-
tada de espacio para producir adecuaciones de las condiciones que el ambiente general ofrece naturalmente

para esa vida; adecuación que implica aprovechar los efectos beneficiosos y corregir o eliminar los perniciosos propios de los elementos básicos: sol - tierra - agua - aire. Y en estos elementos radica la sustancia energética primaria de que trata la habitabilidad.

Pero además, la arquitectura implica para el ser humano no sólo una necesidad, sino que aparece esencialmente porque el hombre es un ser que "puede" habitar, de acuerdo con Gastón Breyer: "cumpliendo en ello la fractura con la necesidad zoológica del alojarse, el hombre se autodefine como el ser que inaugura la habitabilidad como posibilidad y cumplimiento. En tal sentido, la habitabilidad como categoría existencial es un modo de vivir - pensar el mundo; modo propio del hombre y único de él y en el punto equidistante entre la melancolía animal y el anhelo del ángel" (*)

Esta operación creativa se inscribe ineludiblemente en el mundo de las formas; por ello resulta imprescindible atender a las distintas corrientes de pensamiento y sensibilidad que mantiene abierta la eterna discusión acerca de la arquitectura: toda construcción que cumpla las condiciones de habitabilidad ¿es arquitectura, o ésta aparece como instancia superior? ¿Arte o técnica?

Dejando abierta la discusión, admitimos todas las incógnitas; su relevancia irá apareciendo a medida que podamos avanzar en la elaboración de caminos y resultados. Nos guía la interpretación de que la arquitectura -y por ende el arquitecto- tiene una razón primaria de existencia que hoy aparece poco desarrollada. Lo que nos anima a investigar y profundizar las acciones que parten de considerar a la arquitectura como un instrumento biológico, es la feliz coincidencia que - por distintas razones - esta concepción es hoy reconocida como necesaria por la cultura del mundo desarrollado y demandada por la cultura de la periferia.

(*) *"La heurística del diseño, entre el teorema y el poema"* revista *Summa Nº 131.*

9 789875 841819